Über dieses Buch

Elf sehr verschiedene Frauen sind es, die da einen Blick zurück auf ihre Kindheit werfen, und elf sehr verschiedene Kindheiten. Was sie verbindet, ist die Bereitschaft, sich vorbehaltlos und ohne Gefühlsüberschwang auf die eigenen Erinnerungen einzulassen, das Wissen von der Bedeutung der Umwelt, der sozialen Situation für das Leben eines Kindes, besonders eines Mädchens, und natürlich die Fähigkeit zu schreiben. »Goethe hätte sich selbst und Generationen von Schulkindern einiges erspart, wenn er die Geschichte, wie er einstmals Teller auf die Frankfurter Gassen warf, für sich behalten hätte«, meint Renate Rasp und faßt damit die Vorbehalte, die man gegen Kindheitserinnerungen haben kann, zusammen. Aber es wäre sehr schade gewesen, wenn die unsentimentalen, kritischen und engagierten Texte dieses Buches nicht entstanden wären. Denn in ihnen finden sich, wie Ingrid Strobl sagt, Spuren, Hinweise, Antworten auf die Frage: Was gab diesen kleinen Mädchen die Kraft, den Mut zum Widerspruch, zur Selbstbehauptung, zur Entwicklung ihrer schöpferischen Phantasie?

Das kleine Mädchen, das ich war
Schriftstellerinnen berichten
über ihre Kindheit

Herausgegeben von Ingrid Strobl
Mit einem Vorwort von
Margarete Mitscherlich-Nielsen

Deutscher
Taschenbuch
Verlag

dtv

Von den Autorinnen dieses Bandes
sind im Deutschen Taschenbuch Verlag erschienen:

Barbara Frischmuth:
Das Verschwinden des Schattens in der Sonne (6302)
Die Mystifikationen der Sophie Silber (6311)
Amy oder Die Metamorphose (6312)
Kai und die Liebe zu den Modellen (6313)
Rückkehr zum vorläufigen Ausgangspunkt/Haschen nach Wind (6339)
Bindungen (10142)
Die Ferienfamilie (10273)

Christa Reinig:
Die Prüfung des Lächlers (6301)

August 1984
Deutscher Taschenbuch Verlag GmbH & Co. KG, München

ISBN 3-922-67004-0

Fotonachweis: Gabriela Brandenstein, Mara Eggert, Brigitte Friedrich, Heidi Heide, Renate von Mangoldt, Stefan Moses, Isolde Ohlbaum, Klaus Sandler, Mechthild Wilhelm
Umschlaggestaltung: Celestino Piatti unter Verwendung eines Fotos von Klaus Bäulke (München)
Gesamtherstellung: C. H. Beck'sche Buchdruckerei, Nördlingen
Printed in Germany · ISBN 3-423-10301-9

Inhalt

Vorwort

Nachdem ich von elf unterschiedlichen Autorinnen die elf Skizzen ihrer frühen Kindheit noch einmal gelesen hatte, schwirrte mir der Kopf. Ich kenne keine dieser Frauen persönlich, was sollte ich nun mit diesen kurzen Aussagen anfangen, wie sollte ich Vergleiche und Analysen anstellen, die einen Sinn ergeben könnten. Manche der Autorinnen sprechen unmittelbar von sich, ihrer Kindheit, andere ziehen eine dichterische Verfremdung vor, einige sprechen von dem Kind, dem kleinen Mädchen, das sie waren, mit Sympathie, andere spüren eher Verachtung für ihre kindlichen Ursprünge und lieben nur die Erwachsene in sich. Man spürt, wie schwer es diesen ist, zwischen dem Kind und der Erwachsenen eine Kontinuität zu erleben.

Bis auf eine sind alle Autorinnen über vierzig Jahre, die Art der Erziehung ist deswegen wohl anders gewesen, als man es heute gewohnt ist. Daß Wunschkinder männlich sein sollten, vor allem wenn es sich um das erste Kind handelte, war vor vierzig Jahren eine viel größere Selbstverständlichkeit als das heute der Fall ist. Damit hängt wahrscheinlich auch zusammen, daß immer wieder der Wunsch erinnert wird, ein Junge sein zu wollen. Daß das heute auch noch oft der Fall ist, wissen wir, nur vielleicht nicht mit der gleichen Selbstverständlichkeit.

Aber was bedeutet es für das einzelne kleine Mädchen, ein Junge sein zu wollen, leidet ein jedes darunter im gleichen Ausmaße? Es ist sicherlich nicht das Gleiche, wirklich physisch darunter zu leiden, ein Mädchen und kein Junge zu sein, wie während eines bestimmten Alters, zu Beginn der von Freud sogenannten Latenzphase, Hosen und kurze Haare tragen zu wollen und sich »wild zu verhalten, wie es nur einem Jungen gebührt«. Das Letztere ist in unserer Kultur so häufig – und war es auch schon vor 40 Jahren, daß man solche Wünsche und Verhaltensweisen bei jedem vitalen kleinen Mädchen voraussetzen muß. Von mir weiß ich beispielsweise, daß ich wegen meiner Frisur und meiner Kleidung, meinem Verhalten, oft für einen Jungen gehalten wurde, aber bewußt diesen Wunsch nie hegte.

Barbara Frischmuth (1941) ging das wohl ähnlich. Trotz ihrer äußeren jungenhaften Aufmachung scheint sie nicht ausdrücklich darunter gelitten zu haben, daß sie ein Mädchen war. Mutter und Großmutter, beide früh verwitwet, waren selbständige Frauen, an den Vater erinnert sie sich nicht. Sie sucht sich einen Ersatzvater: der Gärtner und Pferdekutscher, ein mit den Augen eines Kindes gesehen großartiger Mann, der sie auf dem Pferd reiten läßt und ihr das Gefühl von Macht und Größe vermittelt. Als die Mutter wieder heiratet, wird Barbara auch mehr oder weniger der Ersatzvater und dessen Frau genommen, darüber hinaus muß sie noch mit der Eifersucht umgehen lernen, die die Geburt eines 6 Jahre jüngeren Bruders bei ihr auslöst. Dennoch bleibt die Mutter der Mittelpunkt ihres kindlichen Lebens, immer wieder hat sie die größte Angst, etwas zu tun, was diese nicht erlauben würde.

Bei ihr gibt es eine relative Diskrepanz zwischen einer Angstfreiheit im realen alltäglichen Leben und nächtlichen Anfällen von Angst vor Dunkelheit, vor dem Tod, vor intensiven unbekannten Bedrohungen. Diese merkwürdige Diskrepanz ist häufig, auch in meiner Kindheit spielte sie eine große Rolle. Man findet sie meines Erachtens vor allem bei Mädchen, die vor ihrer ambivalenten Beziehung zur Mutter heftige Angst spüren. Die Mutter ist und bleibt groß und allmächtig, gleichzeitig fühlen sie sich oft unverstanden und in ihren Erwartungen enttäuscht. Dementsprechend haben diese kleinen Mädchen Angst vor ihrem Phantasieleben, in dem unbewußte Aggressionen der Mutter gegenüber eine Rolle spielen, deren Bewußtwerdung aufgrund ihrer gleichzeitigen großen Abhängigkeit von der Mutter und der Liebe zu ihr erhebliche Angst auslöst.

Eine solche Widersprüchlichkeit der Gefühle führt dann auch dazu, daß bei Vertraulichkeit in der Beziehung zur Mutter gleichzeitige Distanz besteht und es manches gibt, was solche Mädchen schon im frühen Alter mit sich allein ausmachen müssen und wohl auch wollen. Der Wunsch zu schreiben läßt sich oft auf frühe Kindheitserlebnisse dieser Art zurückführen. Mit ihm verbindet sich die Auseinandersetzung mit der Innenwelt einerseits und das Bedürfnis gehört zu werden, nach Resonanz und Verständnis andererseits.

Ein Junge sein zu wollen, sich wie ein Junge zu kleiden und zu verhalten und doch eigentlich ganz gerne ein Mädchen sein, nur mit Jungen oder nur mit Mädchen zu spielen, hat vom Psychischen her gesehen offenbar die unterschiedlichsten Bedeutungen. Die Psychoanalyse beispielsweise sieht in der frühen Neigung mancher Mädchen, nur mit Jungen spielen zu wollen, keine frühzeitige heterosexuelle Zuwendung zum anderen Geschlecht, vielmehr sieht sie darin eine Identifikation mit den männlichen Spielkameraden. Ich zum Beispiel, wie manche der hier zu Worte kommenden Autorinnen, spielte zwar auch mit Jungen, aber bevorzugte doch Mädchen, obwohl ich mich wie ein Junge kleidete und verhielt. Das tat meine damals beste Freundin übrigens auch. Die Unterschiede in dem Wunsch, ein Junge sein zu wollen, seine physische und psychische Bedeutung sind erheblich und bisher noch zu wenig erforscht.

Auch Ingeborg Drewitz (1923) hat in Gedanken immer nur mit Jungen gespielt. Sie erlebte eindeutig das Bedürfnis, doch ein Junge sein zu wollen, und war ganz sicher, daß sie in ihrem elften Lebensjahr an einem ganz bestimmten Tag in einen Jungen verwandelt werden würde. Aus ihren Kindheitserlebnissen wird nicht ohne weiteres ersichtlich, warum sie so unzufrieden mit sich als Mädchen war. Sie ist einziges Kind, verwöhnt von den Eltern und Großeltern. Aber die Schläge und Zornausbrüche des Vaters, der durch seine lange Arbeitslosigkeit deprimiert war, fürchtet sie sehr. »Nichts von fehlender Zuneigung, und doch Penisneid«, so schreibt sie. Ist das aber Penisneid, oder muß sie den depressiven Vater ersetzen, hängt ihr zerbrechlicher Selbstwert, das Gefühl des fehlenden Selbstbewußtseins mit dem Erlebnis eines im Grunde schwachen und mutlosen Vaters zusammen? Die Identifikation mit den verlorenen idealen Objekten ist die Folge eines Verlustes, der durch Verinnerlichung verlorener Eigenschaften oder Menschen ausgeglichen werden soll, ein seelischer Prozeß, der in der Psychoanalyse oft beobachtet wurde.

Wie steht es mit diesem Problem bei Christa Reinig (geboren 1925)? Christa ist unehelich geboren, der Vater wird von der Mutter, einer offenbar lebenstüchtigen Putzfrau, verachtet, sie ist dennoch als Mädchen ein Wunschkind, so zumindest sagt es die Mutter. Offenbar war die Mutter, die sich im Leben ziemlich allein durchsetzen mußte, darin geübt, gegenüber persönlichem und sozialem Leid einen seelischen Panzer aufzubauen, sonst wäre sie dem Zusammenbruch wohl oft nahe gewesen.

Christa, mehr oder weniger vaterlos, soll als »Mädchen« im Haushalt tätig sein wie die Mutter, die als Putzfrau ihr Leben fristet. Sie wehrt sich erfolgreich dagegen, lernt sich mit dem »verlorenen« Objekt – dem Vater – zu identifizieren und sich der Mutter gegenüber durchzusetzen, von ihr als Junge akzeptiert zu werden. Entsprechend identifiziert sie sich auch mit der sozial höherstehenden Umgebung, beispielsweise mit den Ärzten der Nachbarschaft, und versucht das zu verdeutlichen, als ihr Verhalten einmal als das einer Krankenschwester mißverstanden wird, indem sie ihren Rock in die Hosen steckte, was sagen will: seht, ich bin ein Arzt, ein Mann, der herrscht, nicht eine Schwester oder Putzfrau, die dient.

Hedi Wyss (1940) will kein Junge sein, ihr Problem ist die Kleinheit, das Gefühl der Machtlosigkeit. Sie ist die kleinste von drei Geschwistern, die Kleinste in der Schule, fühlt sich chronisch als die Unterlegene, kann sich gegen Jungen nicht wehren, kommt deswegen nicht ins Gymnasium. Die Eltern hatten mit ihren drei Töchtern »Höheres« als Heiraten im Sinn, sie sollten etwas werden, kreative Fähigkeiten entwikkeln. Aber die Eltern selber haben in ihrem Leben nicht erreicht, was sie als wertvoll ansehen. Die Schwäche der Eltern, deren eigene chronische Unterlegenheitsgefühle bekämpft Hedi Wyss mit Größenphantasien und »bis zum Fanatismus reichenden Gerechtigkeitsgefühlen«. Die Schwester, nicht die Mutter war ihr Idol, die wußte sich besser durchzusetzen. Auf Bücher war sie süchtig, da diese ihr viele Welten zur Verfügung stellten und es ihr ermöglichten, sich über »die Enge, in der wir lebten«, zu erheben oder sich in ihren eigenen Phantasien als Schöpfer, als Allmächtiger zu fühlen.

Bei ihr herrschte also das Trauma der Kleinheit vor, das Gefühl der Unterlegenheit, das der Vater bestimmt, wohl auch die Mutter mit ihr teilte. Das führte aber nicht zu einer besonders ins Auge fallenden Identifikation mit dem Vater, auch nicht zu dem Wunsch, ein Junge sein zu wollen, sondern war vielmehr Anreiz dafür, zu lernen, sich wehren zu können, oder in Büchern oder später im Schreiben sich ihrer schöpferischen Phantasiewelt hinzugeben.

War das bei Friederike Mayröcker (1924) ähnlich oder doch ganz anders? Bei ihr sind es Trennungserlebnisse, die ihre Kindheit überschatten. Das zarte Kind war liebevoll umsorgt, als es sich durch den Tod der geliebten Großmutter radikal verlassen fühlte. Friederike sieht die Kindheit »als eine Art Dunkelkammer, in der alles schon vorher entwikkelt war«. Auch sie ist einziges Kind einer offenbar depressiven Mutter. Die Großmutter war ihr Liebling, sie starb schon in Friederikes früher Kindheit. Der Vater versuchte sie zu trösten, aber sie wollte nicht hinhören. Sie fürchtet sich vor der Dunkelheit, vor allem vor Spinnen – fast immer Ausdruck einer intensiven, aber hochambivalenten Beziehung zu den frühen Beziehungspersonen. Man muß annehmen, daß sie die Trennung von der Großmutter, wie so häufig bei einer in sich widersprüchlichen Grundbeziehung zur Mutter oder zu Mutterfiguren, unbewußt als Folge der eigenen Gefühle erlebt, als Strafe für die gelegentliche Ablehnung und Aggressionen diesen gegenüber. Eine reale und endgültige Trennung wirkt dann besonders traumatisch. Friederike reagierte mit Rückzug von der äußeren Welt, schuf sich eine eigene Phantasie- und Gefühlswelt, schrieb früh Gedichte.

In der Psychoanalyse wird die Wahl von sogenannten »Übergangsobjekten« als Versuch angesehen, mit Trennungen fertig zu werden. Auch Friederike schafft sich ein solches »Übergangsobjekt«, einen »Weggefährten aus Weidenzweigen« an, den »zog ich als treuen Hund nach, wo immer ich hinging«. Ein solches, von ihr selbst erschaffenes Objekt war ganz der eigenen Kontrolle unterworfen, konnte sie nicht verlassen, sie konnte es sterben lassen, aber wenn sie wollte, es auch wieder zum Leben erwecken.

Träumerisch, inspirierend, zärtlich und sanft, das sind Eigenschaften, die sie an Mutter und Großmutter liebt. Der Kampf um die Nähe eines Menschen, um eine lebendige Gefühlswelt scheint ihr bis heute wichtiger als der Kampf um Gerechtigkeit oder um Macht zu sein. Man kann hier wiederum von einer Identifikation mit dem verlorenen Objekt, der Großmutter oder auch der zeitweilig depressiven Mutter sprechen, dennoch scheint der lebenstüchtigere Vater, der ihr die Welt immer wieder nahezubringen versucht, dazu beigetragen zu haben, daß Friederike in sich die depressiven Neigungen zu überwinden vermochte. Sie lernte, sich mit Hilfe ihrer Phantasiewelt gegen Trennungsängste zu wappnen und kreativ mit ihnen umzugehen.

Jeannette Lander (1931), eine seit 1960 in Deutschland lebende amerikanische Jüdin aus den Südstaaten, ist Tochter eines Lebensmittelhändlers, eines Vaters, von dem sie bewundert und geliebt wurde. Als mittlere von drei Schwestern stand sie in Gefahr, wie die beiden anderen im Laden verschlissen zu werden. Dem entzog sie sich durch Lesen und Malen, denn vor Wissen und Bildung hatten die Eltern den denkbar größten Respekt.

Bei den aus Polen stammenden jüdischen Eltern war es Sitte gewesen, daß nur die Jungens die Schule besuchten, Mädchen blieben weitgehend ohne Schulausbildung. Diese Tradition durchbrachen Jeannettes Eltern offenbar gemeinsam mit ihren Töchtern, denn sie unterstützten deren Lernbedürfnisse, wo immer sie konnten. Hier waren die Verhältnisse kulturell ganz anders getönt, als bei den in Deutschland oder auch in sonstigen Ländern des westlichen Europa geborenen Schriftstellerinnen. Die Kinder lernten das Bedürfnis nach Weiterkommen, nach sozialem Aufstreben mit den Eltern zu teilen.

In einer Stadt der Südstaaten im Negerviertel lebend waren Eltern wie Kinder mit der Gefahr, sozial ausgestoßen zu werden, täglich konfrontiert. In einer Welt, wo Schwarz auf Weiß, die verschiedensten Rassen aufeinanderstießen, aus einem Milieu stammend, in dem Verfolgung seit Jahrhunderten ein Teil des Lebens gewesen war, war für Jeannette das ernsthafte Lernen von Grund auf lebensnotwendig als Bedingung, sich durchsetzen zu können. Sie erkannte, daß Abgrenzung die Voraussetzung für Toleranz ist, das heißt auch die Abgrenzung ihres Wesens von anderen, um nicht in den verallgemeinernden Topf rassistischer Vorurteile zu fallen. Sie arbeitete gegen zwei Fronten: gegen die Rolle der Frau, der eine Schulbildung nicht zustand, und gegen die Probleme des Rassismus.

Wie dem auch sei: Anerkennung und Lob waren für Jeannette lebenswichtig. Um das zu erreichen, war ihr keine Anstrengung zu viel. Nicht nur die Eltern unterstützten sie in diesem Bestreben mit Lob und Bewunderung, auch in der Schule und später auf der Universität scheinen ihre Wünsche nach Anerkennung erfüllt worden zu sein.

Sie wollte also unbedingt geliebt werden, was Freud als typisch weiblich angesehen hat; das hinderte sie aber – entgegen den Aussagen der psychoanalytischen Weiblichkeitstheorie – nicht daran, zur »Objektliebe« fähig zu sein, das heißt, auch andere Menschen lieben zu können.

Bei Renate Rasp (geboren 1935) werden wir wieder mit der Problematik der in Deutschland oder Europa geborenen Frauen konfrontiert. Das Millieu, aus dem Renate stammt, ist ein intellektuelles, künstlerisches, sie hat einen berühmten Vater, der sich zwar mit dem Naziregime nicht versteht, aber sich doch selbstverständlich einer künstlerischen überlegenen Schicht zugehörig fühlt.

Bei ihr hat man wiederum den Eindruck, daß der Vater die Hauptrolle spielt. Mit ihm war und ist Renate Rasp offenbar heute noch identifiziert, wenn sie beispielsweise Kinder und Kindheit nicht mag oder doch nur insofern, als die Kinder auch gleichzeitig »kleine Erwachsene« sein können. Das entsprach den Gefühlen des Vaters. Wenn Gäste kamen, sagte er, »Kinder raus«. Den kindlichen Teil des Kindes, das ungebildete, ungezähmte, primitive »Tier«, sollte man niemand anderem zumuten.

Renate hat deswegen eine deutliche Abneigung dagegen, über Kindheit zu sprechen, zu schreiben, geschweige denn die Kindheit zu idealisieren – Kindheit ist für sie ein vormenschliches Stadium, das man möglichst in sich selber überwinden und vergessen sollte. Bildung scheint ihr, wie ihrem Vater, das wichtigste Element in der Entwicklung des Menschen.

Deswegen muß ihr das Leben in einem Dorf, in der Umgebung von Berlin, wo es fast nur arme, ungebildete Menschen gab, besonders unerträglich gewesen sein. Die Schule hatte nur einen Raum, in dem alle Jahrgänge bis zum 14. Lebensjahr unterrichtet wurden. Es gab zwei Welten: das Elternhaus und das Dorf, die Schule. Sie lernte so zu sein wie die anderen Kinder, um sich wehren zu können, wie »Tiere« also, um nicht unterzugehen, gleichzeitig lebte sie zu Hause in der Welt der Erwachsenen, der Eltern. Ihre größte Angst war, nie aus dem Dorf, wenn man so will, nie aus der »tierischen Kindheit« herauszukommen.

»Vor Kindern muß man auf der Hut sein«, so der Vater, »die haben ihre Eltern angezeigt, weil sie ausländische Sender hörten«.

Neben dem Gegensatz gebildet/ungebildet, erwachsen/kindlich gab es auch noch den gefährlichen politischen Gegensatz zwischen Elternhaus und Dorf. Das Leben im Dorf war immer gefährlich, bei den kleinsten Gelegenheiten konnten Freundinnen zu Feindinnen, Nachbarn zu Verfolgern werden.

Die Mutter wird in dem Bericht von Renate Rasp kaum erwähnt, der Vater ist der Retter. Mit Hilfe seiner Bekanntschaft mit Ilja Ehrenburg rettet er das Dorf, bietet Schutz vor und durch die Russen, rettet Renate vor dem »Tierischen, Ungebildeten, Kindischen« in sich selber. »In diesem Welttheater sind wir noch einmal davongekommen.« Sie kann jetzt das enge, haß- und angsterregende Dorf verlassen und ab Herbst '45 in Berlin zur Schule gehen. Hier scheint sich eine Frau ganz und gar mit dem lebenden Vater zu identifizieren, nicht mit dem verlorenen.

Auch Ginka Steinwachs (Jahrgang 1942) gehört einem typisch deutschen Milieu an. Sie stammt aus einer Professorenfamilie in Göttingen; es ist bekannt, welch provinzieller Dünkel sich oft mit einer solchen professoralen Herkunft aus deutschen Kleinstädten verband. Ginka hat offenbar ein früh mit ihren idealisierten Eltern und deren Wertvorstellungen integriertes Leben geführt. Dementsprechend scheint sie sich wenig dagegen zu wehren, ins Lager der Mädchen abgeschoben zu werden, das »gehört sich eben so«.

Die Mutter wird idealisiert als schöne Frau, große Schlittschuhläuferin, beide Eltern glänzen in der äußeren Welt. Von den Gefühlsbeziehungen zu ihnen erfährt man wenig. Hat sie unter ihren Eltern gelitten, fühlte sie sich zu wenig von ihnen beachtet? Man erfährt es nicht. Sie führt schon als Schülerin eigene Theaterstücke auf, kann sich wie die Eltern im deutschen Bildungsbürgertum erfolgreich durchsetzen. Wie aber die innere Welt bestellt ist, was gefühlsmäßig zwischen ihr, den Eltern und anderen abläuft, das scheint ihr von geringerer Bedeutung zu sein. Oder fürchtet sie, sich damit auseinanderzusetzen? Die ganze Art, wie sie von ihrer Kindheit berichtet, hat etwas Nebulöses. Was hinter den dichterischen Verschleierungen möglicherweise an Leid und Konflikten steckt, bleibt der Leserin/dem Leser verborgen.

Elfriede Gerstl (Jahrgang 1932) stammt aus weit weniger beschützten Kindheitsverhältnissen als Ginka Steinwachs. Mit sechs Jahren erlebt sie als Jüdin den Anschluß Österreichs; dann gab es eine lange Zeit des Sich-verstecken-Müssens, immer im Angesicht der Gefahr, deportiert zu werden. Sie hat die Schule erst nach Kriegsende besuchen können, konnte sie aber dennoch mit dem Abitur abschließen. Darauf folgte das Studium der Medizin, später der Psychologie, 1955 begann sie zu schreiben. Schon in den ersten Lebensjahren erlebte sie Glanz und Elend einer bestimmten großbürgerlichen Wiener Schicht. Die ersten drei Jahre verbrachte sie im behüteten Elternhaus, als sie fünf war, ließen sich die Eltern scheiden. Mutter, Großmutter und Tante lebten von jetzt an in einer Zweizimmer-Wohnung, drei verbitterte, verlassene Frauen.

Die Mutter zog sich in eine Phantasiewelt zurück, war oft krank. Die übertriebenen Krankheitsängste, unter denen auch Elfriede litt, stammen von der Mutter. Elfriede fühlt sich auch sonst verletzlich und zerstörbar wie die Mutter, identifiziert sich mit ihr ganz gegen den eigenen Willen, denn bewußt ist ihr sehnlichster Wunsch, nicht zu werden wie die Mutter und vom Geld eines launischen Ehemannes abhängig zu sein, – eine Abhängigkeit, die zu immer neuen Demütigungen führte.

Auch sie leidet unter Spinnenangst als Zeichen der Ambivalenz einer mehr oder weniger geliebten Mutter gegenüber; außerdem leidet sie an Zwangsgedanken, an Phobien, paranoiden Vorstellungen, Angst, die Mutter könnte sie in Wartezimmern vergessen und vieles andere.

Wie manche der anderen Autorinnen, die wenig harmonische Beziehungen der Eltern untereinander erleben, bildet sie einen Familienroman aus: die Eltern sind nicht ihre wirklichen Eltern, in der Phantasie werden neue Eltern erfunden; geheime philosophische Gedanken, die sie niemandem mitteilt, spielen schon in ihrer Kindheit eine große Rolle – wohl der Ursprung ihres Bedürfnisses zu schreiben.

Für sie gab es mit Jungen keinerlei Kontakte, als Beruf wünschte die von Höhenangst und Krankheitsfurcht Geplagte Tänzerin, Trapezkünstlerin oder Kinderärztin zu werden.

Auffällig ist die Diskrepanz zwischen den verschiedenen Tatsachen ihres kindlichen Lebens: Die Mutter kann offenbar die Familie durch den Krieg hindurch vor der Deportation retten – wer konnte das schon –, gleichzeitig wird sie als ängstlich-hysterische Phantastin geschildert, die – schwach und anklägerisch – mit der Realität nicht umzugehen vermag. Die Fabulierkunst der Mutter wird zwar bewundert, aber gleichzeitig verabscheut, da von Elfriede selbst, dem Kind, absolute Ehrlichkeit verlangt wurde.

Brigitte Kronauer (Jahrgang 1942) führt uns in ihre Kindheit als eine Welt des Spiels und der Phantasie ein. Wenn sie morgens erwacht und die Eltern noch schlafen, scheint ihr die Welt grau, gefährlich und chaotisch, erst wenn sie spürt, daß die Eltern ihre Augen geöffnet haben, beginnt für sie das Leben. Sie spielt phantasiereich mit ihren Händen und Armen, wissend, daß die Eltern zuschauen und sich freuen. Menschen, die mit Namen genannt werden, kommen in ihrem Bericht nicht vor. Die Welt des Spiels und der Phantasie beherrscht lustvoll auch die Beziehung zu den Kindheitsgespielen. Sie scheint eine glückliche, phantasiereiche, mit vielen Freiräumen durchsetzte Kindheit gehabt zu haben, was wohl eine in weiten Bereichen verständnisvolle Mutter voraussetzt. Diese Möglichkeit, in eigenen Welten zu leben, sich aus den Ängsten, aus der Leere zu befreien und in Geborgenheit sich selbst wiederfinden zu können, mag wesentlich dazu beigetragen haben, daß sie den Mut aufbringt, ihren

Beruf aufzugeben und sich ganz ihrer schriftstellerischen Tätigkeit – wenn man so will – ihren Spielen zu widmen.

Es bleibt ein unlösbares Problem: Wie sehen, wie erleben wir unsere Mütter, und wie sind diese wirklich? In der Kindheit erleben wir sie entsprechend der eigenen Hilflosigkeit und Abhängigkeit als übermächtige Wesen, später nehmen wir ihnen ihre Fehler und Schwächen übermäßig übel. Mit der frühen Widersprüchlichkeit unserer Gefühle – Liebe und Haß zur Mutter lösen einander ab – verbinden sich zahlreiche Ängste. Wir erleben unsere eigenen angsterregenden Gefühle als von außen kommend, von Spinnen, Hunden, dunklen Räumen et cetera drohen unheimliche Gefahren. Das alles sind die Folgen unbewußter Haßgefühle, die uns in unserer großen Abhängigkeit nur als Zahl, nur als Ängste bekannt werden.

So großartig die Mutter in der frühen Kindheit ist, im späteren Leben lernen wir oft, sie zu verachten, sind erstaunlich intolerant und vorwurfsvoll ihr gegenüber: die Mutter ist an allem schuld.

Bei Knaben scheint die Ambivalenz im Verhältnis zur Mutter nicht so lebensbeherrschend zu sein wie bei Mädchen. Vielleicht erinnern sich auch deswegen so viele Frauen, in der Kindheit eigentlich lieber ein Junge gewesen sein zu wollen, oder verhalten sich so, wie es in unserer Kultur von einem Jungen erwartet wird. Damit scheinen sie die aus der übergroßen Abhängigkeit geborenen Ambivalenzgefühle der Mutter gegenüber besser überbrücken zu können.

Was geschieht nun aber, wenn wir uns mehr mit unserem Vater als mit unserer Mutter identifizieren, wie das bei vielen dieser Frauen der Fall gewesen zu sein scheint? Mischt sich in das Erleben des großartigen Vaters da nicht das Bild der früheren großartigen Mutter mit hinein?

Die Identifikation mit dem »verlorenen Objekt«, wie wir sie so oft erleben, heißt dann, in sich etwas aufzubauen, was für einen lebenswichtig war, aber in der Außenwelt verlorenging. Insofern sind wir vielleicht alle mit dem Bild einer unfehlbaren Mutter identifiziert. Das mag kräftevermittelnd sein, das mag aber auch dazu führen, die Diskrepanz zwischen Wirklichkeit und Ideal bei uns selber und bei anderen als besonders verletzend für unser Selbstwertgefühl erleben zu müssen. Wir wollen dann oft das sein, was wir nicht sind: ein Junge, wie der Vater, allmächtig, wie die Mutter der frühen Kindheit; wir streben unbewußt Idealen nach, auch solchen gesellschaftlicher Natur, ohne zu lernen, sie in Frage zu stellen. Erziehung, frühe ideale Vorstellungen von uns selbst, von unseren Eltern, von deren Allmacht und die damit verbundenen Enttäuschungen und Haßgefühle erschweren uns, falsche Ideale, falsche Erziehungsformen, Vorurteile und vieles mehr zu durchschauen. Die Fähigkeit, uns selbst und andere zu achten, kann dann verlorengehen.

Wir sind solange hilflos unseren Gefühlen und Phantasien, frühen Identifikationen, Erziehungsformen und Vorurteilen ausgesetzt, wie wir sie uns nicht besser als bisher bewußt zu machen vermögen. Das ist eine wichtige Voraussetzung dafür, daß wir uns kritisch von ihnen zu distanzieren und ein Stück weiter zu uns selber finden können.

Das allein erklärt aber nicht, daß diese Frauen lernten, sich im beruflichen Leben, in einer »Männerwelt« durchzusetzen. Sie alle hatten auf die eine oder andere Weise Erfolg. Warum? Ihre frühen Kindheitserlebnisse unterscheiden sich so weitgehend voneinander, daß eine einheitliche Antwort, die auf diese zurückgreift, kaum möglich erscheint.

Eines scheint bei allen Autorinnen – aus was für Gründen auch immer – der Fall gewesen zu sein: sie konnten sich innere Freiräume erschaffen. Es war ihnen möglich, sich durch Lesen eine vielfältige Welt aufzubauen, sie konnten sich ihren Phantasien, ihren Gedankengebäuden hingeben, sie erlernten die Fähigkeit, allein zu sein.

Diese Freiräume scheinen ihnen ihre Mütter – bewußt oder unbewußt – gewährt zu haben, auch wenn diese in mancher Hinsicht dominierend oder auch devot und angepaßt gewesen sein mögen.

Kritik und Durchsetzungsfähigkeit der Mutter, sich mit ihr als Vorbild zu identifizieren, so hilfreich das für die Tochter ist, genügt nicht, um sich innerlich freizumachen. Für ein kreatives Leben ist es offenbar notwendig, daß wir als Mütter von vornherein lernen, auch unseren Töchtern genügend inneren Raum zu verschaffen, daß sie ganz aus sich heraus langsam lernen, aus Rollenstereotypen und Abhängigkeiten individueller und sozialer Art herauszutreten und ein eigenes Leben aufzubauen.

Margarete Mitscherlich-Nielsen

Ingeborg Drewitz

»Ich fuhr Holländer, Roller, saß rittlings auf Mauern, baute mir aus Stühlen ein Motorrad. Wünschte mir einen Matrosenanzug, es wurde natürlich ein Matrosenkleid, aber ich knöpfte die Matrosenjacke verkehrt herum.«

So einfach ist das: An der Hand der Großmutter – festgepreßt, denn »dieser Wildling hätt ein Junge werden sollen, nicht zu bändigen«, so sagen sie. So einfach die Abwehr gegen Haarschleifen, hübsche Kleider, von der Großmutter genäht. Dreiangel, zerschundene Knie, abgestoßene Schuhe, Turnen auf Klopfstangen, über Maschendrahtzäune klettern, bei Ausflügen davonlaufen, Stöcke suchen, Pirschgang spielen. Und als ein Baby erwartet wird, wünschen, daß es kein Junge sein wird (Neidgefühl, vorweggenommen). Über das Schwesterchen aber jubeln.

Ich habe mich oft gefragt, warum ich mich gegen das Mädchensein gewehrt habe. Ich war ja doch fünf Jahre lang das einzige Kind in der großen Familie, zwischen Eltern, Großeltern und Urgroßmutter, verwöhnt von allen, herausstaffiert. Aber bockig. So nannten sie's.

Wie oft kauerte ich unterm großen Eßtisch, um nicht dazuzugehören! Stand hinter der Gardine, um allein auf die verkehrsreiche Straße zu sehen. Die Straße, die mich abschnitt von der Welt draußen. Zu viele Unfälle ereigneten sich an unserer Ecke mit der Straßenbahnhaltestelle in der Straßenmitte. Draußen sein, das hieß immer: eine Hand um meine gepreßt. Und auf dem Hof die beobachtenden Augen hinter dem Küchenfenster.

Der Wunsch nach Freiheit, nach Übermut vielleicht? Aber den kennen doch Jungen in Großstadtquartieren auch. Waren es doch solche Sätze wie: Hätt ein Junge sein sollen? oder: Ein Mädchen tut das nicht? War's, daß mich Puppen langweilten?

Als ich fünf war und die kleine Schwester noch nicht anrühren durfte, fing ich an, auf Pappe Menschen zu zeichnen und auszuschneiden. Immer waren es Jungen, denen ich Geschichten zudachte, mit denen ich spielte, auch noch in der Schulzeit. Denn die lebendigen Jungen waren ja Gegner in den Bandenkämpfen auf dem Schulweg. In der Schule waren Jungen und Mädchen säuberlich voneinander getrennt, hatten ihre eigenen Eingänge, ihre eigenen Flure, den durch einen Drahtzaun geteilten Pausenhof. Und getrennte Schulfeste in der Turnhalle.

Nein, ich war nicht gern Mädchen. Es fällt mir schwer, irgendeine Erinnerung bis zu meinem 10. Jahr festzumachen, in der ich mich als seiner selbst bewußtes Mädchen wiederfinde. Ich fuhr Holländer, Roller, saß rittlings auf Mauern, baute mir aus Stühlen Motorrad mit Beiwagen, wünschte mir sehnlichst eine Schülermütze und bekam zu Silvester eine aus Papier. Wünschte mir einen Matrosenanzug, es wurde natürlich ein Matrosenkleid, aber ich knöpfte die Matrosenjacke falsch herum. Ich hätt gern Hosen getragen, aber die gab es für Mädchen noch nicht, statt dessen einen Samtmantel, von der Großmutter genäht, und einen Hut, voller Widerwillen zum Fotografieren aufgesetzt.

Schlimm war die Handarbeitsstunde, die im dritten Schuljahr eingeführt wurde. Ich bastelte viel lieber mit Pappe und Schere und Kleister, »erfand« einen Filmapparat, baute Schlitten und Häuser und Möbel. Damals wurde einem Mädchen noch kein Bastelzeug geschenkt, aber die Arbeiten mit Pappe haben mir Stunden bereitet, die ich noch heute zurückrufen kann, von denen ich weiß, ob draußen ein Schneeunwetter war oder ein Frühlingstag. Und das Vergnügen, Geschichten aufzuschreiben, das ich im ersten Schulwinter entdeckt hatte, ließ mich vollends vergessen, ob ich ein Mädchen oder ein Junge war.

Sicher ließe sich das Verhalten der Erwachsenen, zwischen denen das Kind aufwuchs, analysieren. Später habe ich von der Enttäuschung meines Vaters erfahren, als es um meine Schullaufbahn ging, die er »dem Mädchen« nicht zugestehen wollte; habe ich verstanden, daß schon das Kind wahrgenommen hat, wie das Eigenleben der Mutter in der Ehe zu kurz kam.

Bleibt die Dominanz der alten Frauen in dem Großstadthaushalt zu bedenken – die Männer kamen ja nur zum Essen heim, und ihr Draußensein war dem Kind Verlockung. Vaters lange Arbeitslosigkeit war dann aber eine Niederlage, so jedenfalls wurde sie in der Familie erfahren.

Ich – oder nein, das Kind, das damals Ich sagte, ich dachte, wollte anders sein als die Frauen, für die es wichtig war, daß der Teller leergegessen wurde, daß die Röcke mit mehreren Säumen genäht wurden, um drei, vier Jahre zu passen, daß Haare ordentlich gekämmt waren, die Strümpfe kein Loch hatten und das Kind knicksen lernte. Die ihm »den Bock schon austreiben« wollten. Das Kind wollte auch anders sein als der Vater, dessen Zornesausbrüche und Schläge es fürchtete, ohne schon zu begreifen, daß hier einer mit seiner Verzweiflung nicht fertig wurde.

Und das Kind erwartete auf den Tag genau: den 11. März 1934, wenn es 11 Jahre, 2 Monate und 1 Tag alt sein würde: die Verwandlung in einen Jungen. Die fiebrige Vorfreude noch mit zehn, auch wenn das Kind mit niemandem davon sprach außer mit den erfundenen, aus Pappe geschnittenen Figuren. Der Tag ging vorüber, das Kind erlebte ihn zu Hause, weil es als Diphteriebazillenträger 8 Wochen nicht in die Schule gehen durfte. Ein wenig Traurigkeit blieb zurück. Irgendwann im Sommer schrieb es einen hitzigen Liebesdialog. (Das Manuskript existiert nicht mehr.) Aber damit war nun etwas zu Ende.

Nein, so einfach ist das nicht: An der Hand der Großmutter – festgepreßt, denn »dieser Wildling hätt ein Junge werden sollen, nicht zu bändigen«. Nichts von fehlender Zuwendung und dennoch Penisneid. Vielleicht die Angst, auf eine Rolle festgelegt zu werden, die dem Kind nicht lag, zu der ihm einige Fähigkeiten fehlten. Vielleicht auch nur die Behauptung der kindlichen Bisexualität in einer Umwelt, die darauf durch Herkunft und Erziehung nicht vorbereitet war. Denn wie sehr das Kind die Seinen brauchte, die Geborgenheit nicht missen wollte, weist mir die Erinnerung an die abendlichen, in die Träume einmündenden Wünsche nach, an den Satz: mög keiner von mir sterben! Erinnerung an die Angst, mit all den erfundenen Figuren und Geschichten doch allein zu sein.

Barbara Frischmuth

»Der einzigen schönen Puppe, die ich bekam, riß ich die echten Haare ab und stopfte Salatblätter in den geöffneten Schädel. Zur Rede gestellt, behauptete ich, sie gefiele mir besser mit grünen Haaren.«

Ich bin an einem See geboren worden, also mußte ich früh schwimmen lernen. Ich bin mit Kinderfrauen aufgewachsen, also mußte ich früh lernen, mich zu entziehen.

Meine Mutter führte zuerst ein Hotel, dann ein Restaurant, sie war den ganzen Tag beschäftigt.

Ich hätte sie mir wohl mehr als Mutter im alten Sinn gewünscht, aber mein Vater war im Krieg gefallen, und sie mußte die Familie ernähren. Schon meine Großmutter mütterlicherseits hatte allein die Familie ernährt. Sie war als junges Mädchen, zu Beginn dieses Jahrhunderts, Kassiererin im Konsum gewesen, und sie wählte sozialistisch. Sie heiratete einen Fleischhauer, den Sohn eines Arztes, der zu früh gestorben war, um den Sohn auch Arzt werden zu lassen. Mein Großvater starb ebenfalls sehr früh. Meine Großmutter zog ihre drei Kinder auf und führte die Fleischhauerei.

Sie war eine große, starke und schöne Frau.

Ich habe keinerlei persönliche Erinnerung an meinen Vater. Er soll eher klein gewesen sein, und auch ich bin über ein Meter sechzig nie hinausgekommen. Ich hatte fast immer Hosen an, was zu dieser Zeit für ein kleines Mädchen nicht unbedingt üblich war. Die Haare trug ich kurz, und ich freute mich, wenn fremde Leute mich für einen Buben hielten. Ich spielte (wohl auch aus Mangel an Mädchen in meiner Umgebung) fast nur mit Buben, und Bubenspiele.

Der einzigen schönen Puppe, die ich bekam, riß ich die echten Haare ab und stopfte Salatblätter in den geöffneten Schädel. Zur Rede gestellt, behauptete ich, sie gefiele mir besser mit grünen Haaren.

Dafür hatte ich eine Reihe von Tieren, die ich auf meine Weise bemuttern konnte, Katzen, einen Hund, einen bis mehrere Vögel, Kaninchen; auch Eidechsen und Schlangen mochte ich gern; Regenwürmer und Kaulquappen nahm ich nur vorübergehend auf, zur Beobachtung, so auch Schnekken und Mäuse. Meine Mutter hatte panische Angst vor Schlangen und Mäusen, und manchmal erschreckte ich sie mit einem dieser Tiere.

Am liebsten hatte ich den Gärtner und seine Frau. Er war ein riesengroßer, dunkel wirkender Mann mit abgefrorenen Zehen; sie war klein, zart, schwarzhaarig und sehr gesprächig. Sie hatten, bevor ich auf die Welt gekommen war, ein Kind gehabt, das nach zwei Tagen starb. Sie brachten mir sehr viel Liebe entgegen.

Im Sommer pflegte der Mann den Hotelgarten, im Winter war er Fuhrmann und beförderte mit seinem dicken, kleinen Pferd die Lasten anderer Leute. Die Frau führte den Haushalt, versorgte die Hühner, das Pferd, den Mann und immer wieder auch mich, wenn ich gerade keine Kinderfrau hatte oder wenn ich eine hatte, ihr aber entkommen war.

Wenn der Mann winters mit dem Pferdeschlitten über den See fuhr, um Baumstämme vom anderen Ufer zu holen, durfte ich manchmal mitfahren. Es kann sehr kalt sein in dieser alpinen Gegend, und wenn mir bereits der Rotz unter der Nase zu gefrieren drohte, steckte er mich hinten in seine Felljacke, die mich, auf dem Kutschbock liegend, ganz bedeckte. Während er dann mit den Holzknechten auflud, durfte ich auf dem Pferd sitzen, und ich fühlte mich großartig.

Später kam dann ein Stiefvater ins Haus, den ich nicht sonderlich mochte. Und als ich sechs vorbei war, gab es einen kleinen Bruder, auf den ich sehr eifersüchtig war.

Dafür mußten der Gärtner und seine Frau aus dem Haus. Gott sei Dank blieben sie in demselben Dorf wohnen, und ich war oft tagelang zu Besuch bei ihnen. Die Frau hatte eine sehr ausgeprägte Persönlichkeit und eine klare Lebensphilosophie. Sie stammte aus dem Burgenland und hatte in der Schule ungarisch reden müssen.

Sie blieb Zeit ihres Lebens eine Zugereiste, konnte sich aber in allen Situationen behaupten.

Einer ihrer Leibsprüche war: Ein Vielfraß wird nicht geboren, sondern erzogen! Sie schickte mich oft nach Pilzen, Beeren, Tannenwipferln, Holler, Löwenzahn oder auch Knütteln zum Unterheizen auf die Wiese oder in den nahen

Wald. In der Kriegs- und Nachkriegszeit damals ist es ihr sehr zustatten gekommen, aus allem etwas machen zu können.

Sie hatte wunderschönes, dickes schwarzes Haar, das sie jeden Morgen lange bürstete, bevor sie es zu einem Zopf flocht, den sie sich hinten an den Kopf steckte. Und dieser Zopf war auch noch schwarz, als sie siebzig wurde.

Ich bilde mir ein, mich gut an die Zeit vor der Schule erinnern zu können. Ich war oft und gern allein und dachte mir die Welt aus, und dabei fühlte ich immer deutlicher, daß ich ein Ich war, ein Ich, das dort aufhörte, wo Haut und Haare aufhörten, und irgendwie war ich stolz darauf, meinen Körper mit niemandem teilen zu müssen.

Ich glaubte, ich hatte in meiner Kindheit das Glück (bei allem, was mir an schmerzlicher Auseinandersetzung, an Ängsten und Demütigungen widerfahren ist), von meiner unmittelbaren Umgebung als eigenständige Person anerkannt zu werden. Ich hatte vor vielen Dingen keine Angst, vor denen andere Angst hatten, und die Dinge, vor denen ich Angst hatte, die Angstträume, die von den Astlöchern des Holzplafonds ausgingen, waren für die anderen nicht so leicht erkennbar.

Ich erregte Aufsehen, wenn ich mit fünf Jahren vom Fünfmetertrampolin sprang oder nicht weinte, wenn man mich in den finsteren Keller sperrte, zu den Mäusen und Ratten – wie es hieß.

Ich wollte schon am ersten Tag nicht, daß mich jemand zur Schule begleitete, doch hatte ich mit sieben oder acht Jahren manchmal des Nachts richtige Anfälle von Todesangst.

Ich machte zweimal hintereinander an derselben Stelle des tiefverschneiten Parks in die Hose, weil ich zweimal hintereinander nach der Schule denselben Abschneider machen wollte, um schneller zu Hause zu sein und die Behinderung durch den weichen Schnee nicht akzeptieren wollte. Ich war ungeheuer feige, wenn es darum ging, etwas zu tun, was meine Mutter nicht erlauben würde. Einerseits erlaubte sie mehr als andere Mütter, andererseits konnte sie nicht einmal kontrollieren, ob ich ihre Verbote überhaupt einhielt, zumindest in den meisten Fällen konnte sie das nicht.

Es geschah auch immer wieder, daß ich wildfremde Leute ansprach, um sie mit meinem augenblicklichen Problem bekannt zu machen, und was ich an Fremden besonders schätzte war, daß ich ihnen die willkürlichsten Selbstdarstellungen zumuten konnte, ohne daß sie es besser hätten wissen können.

Im Sommer trug ich kurze Hosen, auch in der Schule, was den Nachteil hatte, daß viel Bein frei war, um mit Brennesseln geschlagen zu werden bei den üblichen Schulkinderkämpfen. Ich wollte Tierärtztin oder Naturforscherin und auf jeden Fall Schriftstellerin werden. Eine, die spannender schrieb als meine Tante, die aus ihrer Bibliothek sorgfältig Bücher für mich aussuchte, während ich längst schon die Hotelbibliothek durch hatte, mit allem, was da so an Erotik und Verbrechen zur Unterhaltung beschrieben wurde.

Ich malte mir tolle Liebesszenen aus, ohne körperlich auch nur im entferntesten meinen Vorstellungen von mir zu entsprechen. Im Gegenteil, ich wirkte sogar noch jünger, als ich war, und gehörte in der Stirnreihe immer zum unteren Ende.

Ich habe einen ziemlich klaren Begriff von mir, was die ersten zehn Jahre meines Lebens betrifft. Dann wird alles zusehends wirrer, vieles mag ich auch vergessen haben. Ich kam ins Internat, in jene Klosterschule, die ich dann in meinem ersten Buch stellvertretend für eine bestimmte Art von Erziehung beschrieben habe. Mit einemmal lebte ich mit lauter Frauen und Mädchen zusammen, und es gab eine Menge unter ihnen, vor denen ich Angst hatte.

Ich wurde dazu angehalten, mich unter dem Nachthemd an- und auszuziehen, allabendlich mein Gewissen zu erforschen, und den Mund zu halten, wenn ich nicht gefragt war. Ich habe mich einschüchtern lassen, ohne mich ganz an-

heimzugeben. Dem Druck von oben wich ich durch Wißbegier und Lernfreude aus, dem Druck der Mitschülerinnen dadurch, daß ich jeden Abend im Schlafsaal oder im Krankenzimmer (wohin ich öfter flüchtete, um in Ruhe lesen zu können) den anderen Geschichten erzählte. So wurde ich bloß gequetscht und nicht zerrieben.

Der Aufstand kam erst, als ich vierzehn war. Man hatte mich mein Zeugnis nur anschauen und nicht mitnehmen lassen, da das Internatsgeld noch nicht bezahlt war. (Die Familie hatte einfach große finanzielle Schwierigkeiten.) Und natürlich wußten all die anderen fünfundfünfzig Kinder meiner Klasse auch, warum ich mein Zeugnis nicht bekam. Da beschloß ich, nicht mehr zu den barmherzigen Nonnen zurückzugehen. Zum Glück wurde damals in unserem Nachbarot ein Gymnasium zusammengestellt, so daß ich nicht nur wußte, wogegen, sondern auch, wofür ich mich entscheiden wollte. Es war ein harter Kampf, aber irgendwie ist es mir gelungen, meine Mutter davon zu überzeugen, daß es mir mit dieser Sache ganz und gar ernst war.

Von da an hat sie mich so ziemlich alle Entscheidungen in meinem Leben selbst treffen lassen.

Elfriede Gerstl

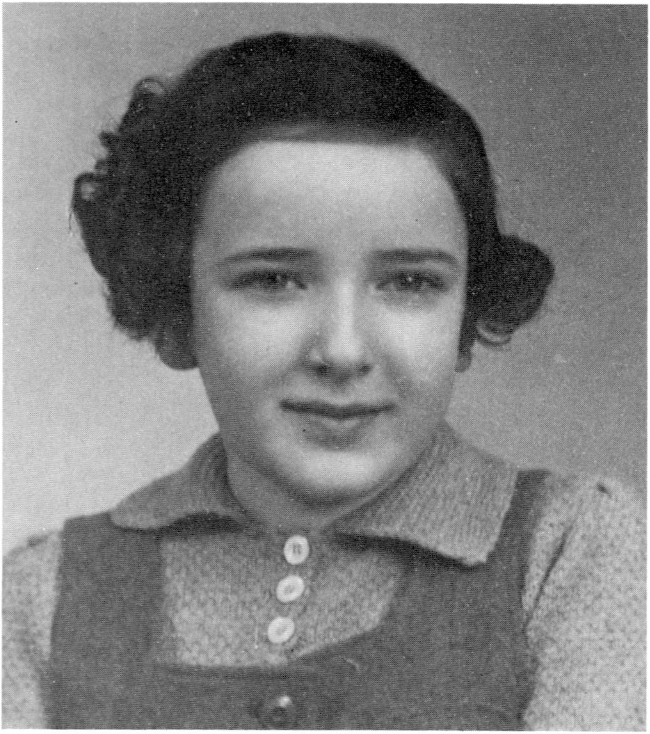

»Nicht zu werden wie meine Mutter war mein sehnlichster Wunsch, nicht von einem launischen Ehemann Geld zu brauchen, das, wie ich meinte, nur durch Weinen und Streiten zu bekommen war.«

Meine ersten drei Lebensjahre verbrachte ich in einer großbürgerlichen Wohnung, der Flur schien mir mit meinem kleinen Dreirad fast endlos befahrbar, am wohlsten fühlte ich mich in der Küche, wo mir die jeweilige Köchin (mein Vater wechselte oft die Angestellten, was mich sehr ärgerte, weil ich mich oft schon mit diesen angefreundet hatte) Teigausstecher und andere Küchengeräte anvertraute.

Mein »Fräulein« (wie man damals sagte), die ich immer Theta nannte, war, so glaube ich jetzt, vor allem dazu da, um mit mir, vornehmlich im Belvedere-Garten, spazieren zu gehen; besonders zu Zeiten, in denen mein Vater wieder mal viel Geld verspielt hatte, war so zu zeigen, daß wir uns eine schicke blauweißgekleidete Bonne noch leisten konnten.

Meine Mutter, die mir schön und in vielerlei Kleidern erschien, habe ich in diesen ersten Jahren als von mir Abschied nehmend in Erinnerung, weil sie ausging; oder seufzend und schluchzend im Bett liegend, und wie ich heute weiß, an vielerlei psychosomatischen Leiden erkrankt. Von meinem Vater, einem kleingewachsenen Mann aus kleinen Verhältnissen mit der Vorliebe für große Frauen, Nachtlokale und einen mondänen Lebensstil, der ihm immer eine Nummer zu groß blieb, sind mir einige Bilder im Kopf geblieben. Am Mittagstisch gutgelaunt sich von mir füttern lassend, unwirsch Angestellte anbrummend, in der Ordination im weißen Mantel für Kinder Micky-Maus-Filme vorführend.

Im Haus der Zahnpraxis befand sich ein großes Ringstraßencafé, das »Korso«, das mit vielen Spiegeln ausgestattet war. Dort saß ich manchmal mit Mutter und »Fräulein«, schaute die schönen bunten Damen in den Modezeitschriften an und wartete darauf, daß mein Vater kurz vorbeikam, denn sein zweiter Arbeitsplatz war an den Bridge-Tischen im Spielzimmer des Cafés. Als ich fünf Jahre alt war, ließen sich meine Eltern scheiden.

Ich lebte nun mit Mutter, Großmutter und Tante, drei verbitterten Frauen, die von ihren Männern verlassen worden waren, in einer Zweizimmerwohnung. Bis in die späten Abendstunden wurde miteinander gestritten, um Schuldfragen aller Art, um eine ungerecht verteilte Erbschaft, über betrügerische Anwälte. Jetzt lag meine Mutter meist im Bett, die Ärzte hatten ihre großen Auftritte. Ich mußte in der kleinen Wohnung fast alles mitanhören, lernte bald lesen und zog mich in eine Phantasiewelt zurück, die unter anderem von Karl May, Daniel Defoe und Sven Hedin gespeist wurde. Ich war oft krank. Weil meine Mutter ständig befürchtete, daß ich mich erkälten könnte, war ich meist zu warm gekleidet, wenn ich dann wieder mal erkältet war, marschierten ihre Ärzte an meinem Bett auf, furchterregende, aber auch faszinierende Personen, die unverständliche Wörter gebrauchten. Kein Wunder, daß ich einige Jahre lang Ärztin werden wollte. Meine oft übertriebenen Krankheitsängste, die auch heute noch fallweise für Stunden auftreten können, leite ich aus dem Sanatoriumsklima dieser Zeit her, in dem ich auch die jeweils angeordnete Magen- oder Gallendiät meiner Mutter zu essen bekam.

Ich erinnere mich an einen Spaziergang, bei dem mir ein Staubkörnchen ins Aug flog, worauf ich von dem verdatterten »Fräulein« verlangte, zum Augenarzt geführt zu werden. Als sie mich ablenken und mir zum Trost eine Eistüte spendieren wollte, wehrte ich erschrocken ab, weil erstens meine Mutter schimpfen würde und zweitens ich davon Halsschmerzen bekäme.

Kinder kamen nur sehr selten zu Besuch, Rollenspiele mit meinen Puppen lehnte ich ab, dazu war ich wohl zu gestört. Gegen morgendliche Beklemmungen und Angstgefühle bekam ich Digitalis und Baldriantropfen, wegen eines Muttermals am rechten Knie durfte ich nicht laufen, um nicht hinzufallen, und fühlte mich krank und verletzlich wie meine Mutter. Spätere Untersuchungen ergaben, daß ich keinerlei somatische Behandlung gebraucht hätte. Richtig lachen konnte ich eigentlich nur, wenn meine Tante, die Schwester meiner Mutter, die das arme häßliche Entlein in der Familie war und von allen gehackt wurde, aber als einzige unkonventionell lebte, komische Geschichten von Sängern und Schauspielern erzählte, mit denen sie bis spät nachts in ihrem Stammcafé saß.

Mit Vorliebe hockte sie auf dem Boden des bürgerlichen Speisezimmers, probierte exzentrische Hüte, brachte allerhand Trödel nach Hause, schlief bis Mittag und zeigte lauter »abweichende« Verhaltensweisen, die ich aufregend fand. Sie repräsentierte für mich eine Freiheit, die mich für Augenblicke meine Ängste und Krankheiten vergessen ließ. Sie sagte auch manchmal merkwürdige, unverständliche Sätze, wie zum Beispiel »Mich mögen die Männer nicht, ich bin eine frigide Frau«. An den verstörten Gesichtern von Mutter und Oma konnte ich erkennen, daß sie schon wieder etwas Ungehöriges gesagt hatte.

Mit 11 Jahren traf mich meine erste Menstruation völlig unvorbereitet. Ich war überzeugt davon, diesmal von einer furchtbaren Krankheit befallen zu sein. Als ich meiner Mutter davon erzählte, war sie ungewöhnlich verlegen und sagte, ich müßte mich daran gewöhnen, was ich da schildere, käme nun jeden Monat, meine Kinderärztin, die auch gerufen wurde, würde mir alles Nötige erklären. Sie nahm die Sache viel leichter, sagte Gratulation, jetzt bist du erwachsen, und rezeptierte ein Mittel gegen die starken Krämpfe, die nun jeden Monat auftraten.

Da haben wir ja jetzt eine richtige kleine Frau, wenn du Fragen hast, frag ruhig, sagte Mutters Hausarzt anläßlich seines nächsten Besuches und tätschelte mir die Wange. Ich wußte aber nicht, was ich fragen sollte, war vor allem beklommen und ließ meine Mutter von meinen Beschwerden erzählen.

Ich erinnere mich, daß schon früh (spätestens aber mit vier oder fünf Jahren in der »Frauenwohnung«) allerlei Phobien, Zwangsgedanken und paranoide Vorstellungen auftraten, die von mir mitgeteilt oder verheimlicht wurden. Nicht geheimzuhalten war meine Furcht vor Spinnen, vor denen ich schreiend davonlief und verlangte, daß sie sofort getötet würden. Bekannt war mein Zählzwang (Treppenstufen, Pflastersteine auf der Straße) und meine Angst, daß mich meine Mutter im Wartezimmer von Ärzten oder Anwälten vergessen könnte, wie ich sagte, das heißt, ich hielt es für möglich, daß sie mich dort zurücklassen wollte.

Geheim hielt ich Gedanken wie: diese Eltern sind gar nicht meine Eltern, die französischen Vokabeln, die meine Lehrerin mich abfragt, bedeuten ganz etwas anderes, als man mir gesagt hat. Auch sogenannte philosophische Gedanken, wie sie wahrscheinlich jedes Kind hat (warum ist die Welt, wie sie ist, und nicht anders, warum bleiben die Gegenstände konstant, das heißt, warum verändern sie sich nicht über Nacht, warum sind sie am Morgen gleich und am gleichen Ort), hielt ich als etwas Abstruses geheim.

Als Beruf für ein Mädchen (mit Jungen hatte ich keinerlei Kontakt, die ich im Park beobachtet hatte, erschienen mir nur laut, aggressiv, angeberisch) imponierte mir Tänzerin oder Trapezkünstlerin (wohl wegen meiner Höhenangst) oder eben Kinderärztin. Nicht zu werden wie meine Mutter war mein sehnlichster Wunsch, nicht von einem launischen Ehemann Geld zu brauchen, das, wie ich meinte, nur durch Weinen und Streiten zu bekommen war.

Aufmüpfig war die damals sehr ungewöhnliche Weigerung meiner Mutter, Hausarbeit zu machen, so daß wir, nachdem die Köchin endgültig entlassen worden war, oft ins Restaurant gingen (nur Diätspeisen wurden handgefertigt) und ihre Gedankenlosigkeit im Erfinden von Ausreden und phantasievollen Geschichten, mit denen sie Gläubiger zu vertrösten verstand. Kredit hatten wir bei der Wäscherin, genannt Fidamutti, beim Praktiker, dem Dr. Wurmfeld, sowie eine Monatsrechnung bei der Milchfrau gegenüber, der Frau Wellikei.

1938 mußte meine Mutter ihre von ihrem Vater geerbten Häuser in Köln an die Nazibürokratie zwangsverkaufen, und zwar weit unter ihrem Wert, in Österreich mußte der

Schmuck ohne Gegenwert abgeliefert werden, mein Vater emigrierte sehr bald, während wir aus Unentschlossenheit blieben, bis es zu spät war.

Ich bewunderte die Fähigkeit meiner Mutter, detailreiche Geschichten zu erfinden, war aber verunsichert, weil von mir zugleich (eigene) »Wahrhaftigkeit«, aber auch Verschwiegenheit erwartet wurde. Manche Geschichten wurden beim Wiedererzählen abgewandelt, manche wurden ins Repertoire aufgenommen und auch jenseits ihres ursprünglichen Zwecks als wahre Begebenheit wieder und wieder erzählt. Ihre Fabulierkunst hat dazu beigetragen, daß wir der Deportation entronnen sind.

Einmal nahmen die »Ordner« (die Nazis bedienten sich jüdischer Funktionäre, die, nachdem sie einen »Transport« erfolgreich abgefertigt hatten, selbst deportiert wurden) uns nicht mit auf einem bereitstehenden Lastwagen, weil meine Mutter krank im Bett liegend und mit Attesten ausgestattet erklärte, nicht gehen zu können, und weil gerade keine Tragbahre aufzutreiben war, wurde unser »Reisetermin« für eine Woche verschoben.

Auch andere Tricks gelangen ihr. In der kleinen Substandardwohnung, in die man uns mit wenig Hausrat überraschend gebracht hatte und wo meine Großmutter 1942 an Herzschlag starb, stellten wir uns einige Wochen lang »tot« oder schon deportiert. Wir gingen nicht mehr aus, hatten die damals übliche Verdunklungsrolle aus dickem schwarzem Papier heruntergelassen, verhielten uns ruhig, flüsterten und bekamen im Tausch gegen versteckt gehaltene Schmuckstücke von einer eingeweihten Nachbarin Lebensmittel und Zeitungen.

Unsere unmittelbaren Nachbarn waren verreist (der Mann, ein Nazi, im Feld, die Frau am Land), und die anderen Bewohner des Hauses sollten die Wohnung für leer halten. Ob manche geahnt hatten, daß wir noch da waren oder es für zu unwahrscheinlich hielten, daß man sich in der eigenen Wohnung versteckt – es hat uns jedenfalls niemand an-

gezeigt. Erst als unsere Mitwisserin von neuen Verhaftungen in der Straße erzählte, wechselten wir unbemerkt in eine andere leerstehende Wohnung in unserem früheren Wohnhaus, die uns für solche Fälle von der Hauswartsfrau angeboten war. Schlimm war, daß wir so leise sein mußten, (man konnte fast nur auf dem Bett liegen) und daß es zum Lesen der wenigen Bücher (z. b. ›Lederstrumpf‹ und Schillers Balladen) gar so dämmrig war. Nur an richtig sonnigen Tagen fiel ausreichend Licht durch die Löcher in dem Rolleau, die der ganzen Länge nach in regelmäßigen Abständen und an beiden Seiten wiederkehrten.

Sich diesen Löchern zu nähern, war aber nicht ratsam, weil man von gegenüber beobachtet werden könnte, erst abends konnte ich schon mal einen Blick riskieren in die beleuchteten Kleinwohnungen, wo Leute am Tisch saßen oder im Sommer im Unterhemd herumgingen.

Ein etwa gleichaltriges Mädchen hatte meine ganze Bewunderung. Sie war schön gekleidet, ihre Mutter nähte für sie am Fenster sitzend, braungebrannt kam sie erst abends, vermutlich vom Schwimmen nach Hause und schien mir sehr selbstbewußt. Ich hatte keine Hoffnung, sie jemals kennenzulernen.

Brigitte Kronauer

»Anwesend war das Gebot, mich still zu verhalten, nicht als Satz, sondern als etwas ebenfalls Graues, Fahles, eingesogen von dem Winkel dort oben, die Wörter hatten sich längst in einen leise atmenden Schleier verwandelt.«

Sobald ich die Augen öffnete, befand sich, hoch über mir, eine Decke und ein Stück von mir entfernt, noch weit hinter dem hölzernen Bettende, eine Wand. Links neben mir konnte ich mit den Handflächen und Fußsohlen gegen die Tapete stoßen und unter dem dünnen Papier die kalte Mauer fühlen.

Rechts und hinter meinem Kopf war der Hauptteil des Zimmers, vor allem das Bett meiner Eltern, aber ich habe die Möbel, die Ecken und Einzelheiten des Raumes am Morgen nie beachtet, sie gehörten nicht zu dieser frühen Stunde, die aus nichts als dem immerfort angeschauten Winkel bestand, den die hellgestrichene Decke und die beiden Wände neben und vor mir bildeten.

Ein fahles, graues Licht sammelte sich darin, ein trockener Nebel wohnte darin um diese Zeit, als strömte das ganze Zimmer mit mir in falscher Richtung dorthin seiner Auflösung entgegen oder, im nächsten Augenblick andersherum, als wehte ein feiner Staub herunter und uns, den Raum und mich, zu. An meine Eltern dachte ich nicht, ihre Füße stießen ja beinahe an das Kopfstück meines Bettes, ich hörte sie auch nie, sie waren noch vollständig weggesunken.

Anwesend aber war das Gebot, mich still zu verhalten, nicht als Satz, sondern als etwas ebenfalls Graues, Fahles, eingesogen von dem Winkel dort oben, die Wörter hatten sich längst in einen leise atmenden Schleier verwandelt, den ich ansah und der mich lautlos auf die Matratze preßte, sanft und selbstverständlich.

Das Aufsteigen des Raumes, mein Emporgehobenwerden zu dem undurchsichtigen Nest, dem mein Kopf unten gegenüberlag, und das Herabsinken des leichten Aschenregens auf meinen Körper, mein Gesicht, meine Kissen waren ein Hin- und Herwogen, in dem es keine festen Gestalten gab. Mit einem Mal aber stand es still, meine Haut begann sich an der engsten Umgebung zu scheuern. Damit wurde mir das Zeichen gegeben, in die leere Luft über mir, noch immer ohne Geräusche, meine beiden Arme zu strecken, lange, steife Schlangen, die ich auf ein zweites Kommando warten ließ, gerade und glatt bis in die Fingerspitzen, durchgedrückt an den Ellenbogen.

Jetzt zählte nicht mehr der Winkel, der blieb endgültig an seinen Platz zurückgestaucht. Meine Arme und Beine hatten den Raum übernommen und füllten ihn, plötzlich weich und geschmeidig geworden, so weit ich reichen konnte, aus. Über mir kreisten die Finger, dunkel, hell, langsam, beschleunigt, nickende Köpfe, rasende Schwalben, gezackte Zungen, einander bekämpfend, zärtlich aneinander geriebene Hälse, herumgeschleuderte Wolken, niederstoßende Blitze, niederstoßende Raubvögel, aufwirbelnde Feuer, in Spiralen immer höher kreisend, zusammensackend, Springbrunnen, die in einzelnen Tropfen verzögert durch die Luft kletterten.

Nur locker waren die Hände mit den Gelenken verbunden, als könnten sie schließlich mit einem Schwung noch höher geworfen werden. Von einem bestimmten Moment an wußte ich, daß meine Eltern mir zusahen. Ich hatte sie stumm geweckt, und über ihr Fußende und mein Kopfstück beobachteten sie meine hin- und hersausenden Arme.

Ohne auch nur den Kopf aufrichten oder rühren zu müssen, spürte ich sie. Jetzt waren sie im Zimmer vorhanden, und es ging von nun an um eine Darstellung für sie, der ich mich mit solcher Inbrunst in der Gewißheit ihrer Aufmerksamkeit hingab, daß ich mich bald darauf erschöpft aus dem Bett fallen ließ und ihre beiden lächelnden Gesichter hinten auf dem Kopfkissen nah beieinander liegen sah.

Es kam auch vor, daß wir in der Nähe des Hauses an einem See saßen, bei einem Bootssteg, ich, mein Bruder und einige Kinder aus der Nachbarschaft. Wenn man mit den Fingern über das Holzgeländer fuhr, splitterte es leicht, und wir zogen uns gegenseitig die Spänchen aus der Haut. Wir warfen Steine ins Wasser, die größeren Jungen in flachen Bahnen, damit sie aufhüpften, ich selbst ließ sie senkrecht nach unten fallen, um das Geräusch beim Plumpsen zu hören und um die Spritzer zu sehen, die rundum aufstiegen.

Ich legte mir die Steine vorher nach ihrer Größe geordnet zurecht, damit es ein sich steigerndes Aufklatschen gab.

Wir lehnten uns auch, so weit wir uns trauten, über den Wasserspiegel mit einem Hintermann im Rücken, der, wenn es gefährlich wurde, Hemd und Kleid packte, oder wir stützten die Ellenbogen auf die Knie, alle nebeneinander und lauerten auf die winzigen Fische, die manchmal in Schwärmen über den Boden schossen. Dann zogen wir schnell die nackten Füße aus dem Wasser, damit sie uns nicht berührten.

Immer schien die Sonne, wenn wir dort saßen, und wenn fremde Kinder in einem Boot auftauchten, fingen wir alle an zu brüllen und zu drohen, wer einen Stock hatte, schüttelte ihn in der Luft, und was uns nur an Beschimpfungen einfiel, schrien wir zu ihnen hinüber und achteten genau darauf, welche Beleidigungen die Jungen und Mädchen zu uns herriefen und merkten sie uns für eine andere Gelegenheit.

Wenn uns alle Ideen ausgegangen waren, ließen wir uns nach hinten fallen, auf die heißen Holzplanken, und versuchten, möglichst lange mit geschlossenen Lidern, ohne das Gesicht wegzudrehen, unter dem grellen Sonnenlicht auszuharren. In der Stille hörte ich das Wasser gegen die Stützbalken unter uns schlagen, und es war dann, als würde der Bootssteg mit uns fortschwimmen, schaukelnd mit uns schläfrigen Kindern. Die sachten Wellen mußten nun direkt unter den Brettern sein, es wiegt mich auf und ab auf den dunstigen See hinaus, und obwohl ich die Lider fast geschlossen hielt, sah ich doch auf den hellen Grund des Sees.

Ich sah die schimmernden Steine und Gräser, die sich schlängelten wie in einem ganz vorsichtigen Wind. Und das Wasser selbst: so durchsichtig unter mir und so blau in der Ferne! Wir schwammen, ohne uns zu rühren, und wölbten uns zu kleinen Hügeln auf und höhlten uns zu Tälern im Licht, in der Lust, im Wasser, in der Bläue, in der Wärme, im süßen Holzgeruch.

Das Schönste aber waren die Sonnenkringel, die unbeständigen und unaufhörlichen Maschen eines leuchtenden, im Wasser wehenden Sonnennetzes, schief und gerade, eng und weit, ausgewölbt und eingedellt, ein ausgebreitetes Gegenstück zur festen, harten Sonne oben, die man nicht einfach ansehen konnte. Wir lagen nebeneinander wie Holzbretter, wir waren ein langes Boot, jeder von uns eine Bootsplanke, und schwammen mühelos, mit warmen Körpern durch das locker gespannte, auf- und abschwingende Sonnennetz.

Einmal habe ich schließlich die Augen aufgeschlagen, von allein, sonst stieß mich immer jemand an. Zwar konnte ich nicht sofort etwas erkennen in der plötzlichen Blendung, aber ich spürte, daß ich als letzte übriggeblieben war. Alle, rechts und links von mir, hatten ihre Stelle verlassen, es war so kahl um mich herum auf dem langen Steg, ohne Spuren waren sie verschwunden, weggezaubert mit einem Mal, noch eben an meiner Seite und nun wie verschluckt und von mir abgeschnitten, weggeschlichen oder fortgerannt, ich hatte nichts bemerkt und lag nun in einer anderen Welt, riesig und leer, treulos, viel zu groß für mich der See, der Himmel.

Ein so schroffer Wechsel war also möglich, ein Pfiff, ein Peitschenknall. Man mußte auf der Hut sein und von jetzt an immer damit rechnen. Die Welt konnte umspringen, die Richtung wechseln wie ein Sturm, man wußte nicht wann, und im Handumdrehen.

Manchmal schenkte man mir einen Bogen aus etwas steiferem Papier, in dessen Mitte ein Mädchen oder Junge gedruckt war und drumherum Kleider, Hosen, Pullover und Blusen, Mützen, Taschen, Schirme. Wenn man alles ausgeschnitten hatte, besaß man eine sogenannte Anziehpuppe mit viel Garderobe. Die richtigen Puppen, davon hatte ich drei, setzte ich mir gern gegenüber in ein Kissen und sah sie lange an, aber ich spielte selten mit ihnen. Sie waren mir zu leibhaftig, um sie mit Verkleiden, Baden und Kämmen zu belästigen. Die flache Anziehpuppe aber hatte keinen Willen und keine Rechte.

Ich war nicht sehr geschickt mit der Schere, lagen aber Figur und Kleider endlich vor, beschäftigte ich mich Stunden damit. Ich spielte sie förmlich zu Tode.

Sie war dazu bestimmt, von den sie umgebenden Kleidungsstücken bis zu ihrem Vergang an zwei umknickbaren Stäbchen über den Schultern behängt zu werden, wobei sich der größte Reiz für mich nicht aus der verlockenden Vielfalt der Röcke, Hemden und so weiter ergab, sondern aus dem Umstand, daß der Wechsel so schnell und ruckhaft vor sich ging, bei immerzu perfektem Ergebnis bis zur täuschend natürlich gebauschten Schleife und der in einem gedachten Wind auffliegenden Falte.

Mit einem einzigen Griff verwandelte ich die platte Person in eine dicke kleine Braut, ich mußte nur die Schulterträger umklappen, in eine fröhliche Tennisspielerin, in ein eifriges Schulmädchen, das immer, zu allem gleich lächelte, und doch jedesmal ganz besonders passend und vollkommen, kein Knopf fehlte, kein Verschluß blieb nachlässig offen, kein Kragen verrutschte.

Es entstanden jeweils neue, tadellose Bilder, Umhüllungen der Papierperson, die ich in die Puppenstube lehnte, an Sofa, Tisch und Wand, und alles wandelte sich mit: der winzige Nachttopf, die rote Sitzecke, der Puppenherd.

Noch lieber betrachtete ich aber die Fotografien alter Gemälde, auf denen Maria still in ordentlichen Zimmern kniete, an einem Betpult, oder auf einem kostbaren Stuhl saß im schönen Mantel mit ihrem Kind.

So lieblich befand sie sich zwischen dem Mobiliar in diesen aufgeräumten, reglosen Räumen, wo alles so klar an seinem Platze ruhte, als wäre ihr ganzes Leben nichts als dieses anmutige Dasitzen mit duftigem Haar und kostbaren Gewändern, freundlich wachsenden Blumen in den Töpfen, mit Lilien und Akelei in Bodenvasen, so frisch, unvergänglich Tag um Tag, im Hintergrund die schwere, bestickte Bettdekke mit zwei golden schimmernden Kissen, darüber ein Regal mit Tellern, Büchern, Flaschen, locker gestapelt, und für die

Nacht gab es eine schon benutzte Kerze in einem einfachen Halter.

Gerade diese Dinge auf dem Bord sah ich genau an, weil sie so berührbar wirkten, von Maria angefaßt und dort hingestellt und wieder heruntergeholt, wenn sie sich, auf den Zehenspitzen, reckte. Natürlich würde sie nicht aufwaschen und staubwischen, aber vielleicht die Blumen gießen, ein Buch aufschlagen, einen der Metallteller ein wenig polieren, die welligen Haare bürsten.

Ich stellte sie mir als heiliges Püppchen in ihrer Wohnung vor, und alle ihre Handlungen waren heilig, ob sie aus einer Tasse trank, einem Vogel Körner hinstreute, dem Kind die Brust gab, eine Seite des Gebetbuches umblätterte oder sich in das feierliche Bett legte, alles war immer schön, was sie auch tat.

Ich ließ sie in den grünen Pantöffelchen über den glänzenden Boden gehen, ein paar Schritte nur aus dem Fenster einen Blick auf die Straße werfen, ich ließ sie eine Sanduhr mit den zarten Händen umdrehen. Dann sollte wieder alles erstarren. Maria auf ihrem Thron im heiteren Licht, die Fransen der Bettdecke, die kugelförmige Pflanze in ihrem Kübel, ein bunter Vogel an der Türschwelle, ein unendlicher, ungetrübter, durch und durch klarer Augenblick.

Ein solches Leben wünschte ich mir sehr. Wie gern hätte ich, so daumen- oder handgroß, in diesem für immer makellosen, friedlichen Raum gelebt, in schöner Haltung mit langen Locken und einem Samtkleid. Ohne daß es jemand bemerkte, brachte ich halbe Tage aber auch in unserer unvollkommenen Wohnung als Maria zu, mit kleinen, gemessenen Schritten.

Ich nahm eine Schale aus dem Küchenschrank und stellte sie zurück, wieder als Maria, ich warf ein paar Salzkörner auf die Fensterbank mit einer zierlichen Bewegung, ich raffte meinen Rock und schlug ein Buch auf mit Eselsohren und Flecken, ein Kochbuch, das machte aber nichts. Ich rückte es

ja nur ein wenig vor mein Gesicht, graziös und unbequem, das gefiel mir, das hielt ich gern aus, solange es nur ging.

Ich trank dann aus einem Becher etwas Wasser, schlückchenweise, und legte mich am Abend steif und ohne Zufälligkeiten ins Bett, die Beine ausgestreckt bis zu den Zehen, stützte aber die rechte Hand leicht gegen mein Gesicht, wie auf einem anderen Bild die schlafende heilige Ursula.

Jeannette Lander

»Ich gestaltete die Preisschilder für die Waren im Laden, und mein Vater hängte das Kunstwerk stolz über den Dosenturm, den er mitten im Laden errichtet hatte.«

Die dreißiger Jahre. Atlanta, Georgia, U.S.A. Früher dachten die Leute gleich: Vom Winde verweht. Heute denken sie: Jimmy Carter. Aber eine richtige Vorstellung von den Südstaaten zu jener Zeit hat kaum jemand.

Dort und damals war ich ein kleines Mädchen. Ein pummeliges mit langen Ringellocken. Meine Mutter bestand darauf, eine bunte Taftschleife drauf zu stecken. Die rutschte dauernd.

Meine Eltern, aus Polen eingewanderte Juden, betrieben ein Lebensmittelgeschäft. Ich war die mittlere dreier Schwestern. Daß wir im Laden mithelfen müssen, war für meine Eltern selbstverständlich. Wie meine um fünf Jahre ältere Schwester hierdurch beschnitten wurde, keine Zeit zum Spielen hatte, später an Sonnabendabenden – die Hauptstoßzeit im Geschäft – nicht ausgehen durfte, das kriegte ich als kleines Mädchen mit. Ich entzog mich schon früh, und zwar dadurch, daß ich immer etwas zu lesen hatte. Vor Wissen und Bildung hatten meine Eltern großen Respekt. In ihrer Heimat war die Welt des Wissens nur wenigen reichen Juden offen. Sie kamen beide aus armen, kinderreichen Familien, für die es klar war, daß nur die Jungens in die Schule gehen durften. Meine Mutter hatte also gar keine, mein Vater nur die Grundschule besucht. In die Schule gehen, das war ein Privileg. Und diese Haltung dem Lernen gegenüber haben sie auf uns Töchter übertragen. Wenn ich nun las – es durften nur keine Comics sein –, störte mich mein Vater ungern. Also las ich viel. Auch Comics. Die aber nicht ganz so offen.

Dabei war es gar nicht so schlimm, im Laden mitzuhelfen. Im Gegenteil, es war sogar lustig. Wahrscheinlich habe ich mich mehr aus Bockigkeit, und weil ich nicht einsah, etwas zu müssen, dagegen gewehrt. Vielleicht wollte ich auch nur testen, ob es mir gelingen würde, meine Freizeit selbst gestalten zu dürfen, wo es meiner Schwester nicht gelang.

Wir verkauften wirklich Lebens-Mittel: nicht nur Dosen, Fleisch und frisches Gemüse, sondern auch Garn, Nadeln,

Schulhefte, Buntstifte, Kerosin-Öl für Öllampen oder kleinere Wunden, Reißzwecken, lebende Hühner, die mein Vater schlachtete und meine Mutter rupfte, Schuhcreme, Deodorant, Fliegenfänger, Schnupf- und Kautabak – alles, was man zum Leben braucht am Rande der Stadt, wo es nicht viele Läden gibt. Am Rande der Stadt im »Negerviertel«. An Integration der Rassen war noch lange nicht zu denken. Unsere Kunden waren Schwarze, und wir waren die einzigen Weißen weit und breit. Ich habe viel zugehört als kleines Mädchen. Der Laden war ein Begegnungsort. Die Schwarzen blieben lang, erzählten, gaben Ratschläge aus ihrer gläubigen, abergläubischen, erotischen Welt und baten selber um Rat aus der weißen Welt der Papiere. In meinem ersten Roman habe ich das pralle Leben im Laden geschildert; als ich klein war, wußte ich es nicht zu schätzen. Am liebsten war ich damals nicht im Laden, sondern in der Schule.

Und ich war viel in der Schule: jeden Tag von neun bis drei in der normalen Schule und dreimal die Woche nachmittags in der jiddischen Schule und an jedem Mittwoch zusätzlich in der Hebräisch-Schule. Die Schule war meine Welt. Ich glaube, ich war eine Streberin. In den Sommerferien – die dauerten drei Monate – kam ich zwar für vier Wochen in ein Ferienlager, wo man schwamm, wanderte und Sport trieb. Das machte ich alles nicht ungern (ich war überhaupt gelehrig und anpassungsfähig bis zur Kritiklosigkeit, wenn man mich anerkannte oder gar lobte), aber im Grunde war ich froh, als der Sommer sich seinem Ende zuneigte und ich wieder meine Stifte spitzen, meine Hefte beschriften, meine Bücher ordnen konnte für das neue Schuljahr.

Nicht, daß ich schon so früh ein Eierkopf war. Nein, mein liebstes Fach war Kunstunterricht. Ich hatte nur eben ein positives Verhältnis zum Lernen und ein positives Verhältnis zu mir selbst. Die Schule war eine Arena, wo ich mich messen konnte, wo ich zur Freude meiner Eltern, sie selbst übertreffen konnte, das erreichen konnte, wozu sie nie Gelegenheit hatten. Das Schönste war, meinem Vater einen Aufsatz vorzulesen oder ihm ein Bild zu zeigen. »Man kann dir alles wegnehmen, was du an Dingen anhäufst«, sagte er, »aber das, was du lernst, das ist deins.«

Es hat schon seine Nachteile, so erzogen zu werden. Ich erwarte immer fort die Bejahung und Bestätigung, die ich von meinem Vater bekommen habe. Selbst wenn er schalt oder strafte, war seine positive Haltung empfindbar. Es geschah für mich, nicht gegen mich. Das sind schier unerfüllbare Erwartungen, und ich werde sie schwer los.

Aber um auf das kleine Mädchen, das ich war, zurückzukommen: ich habe lieber gezeichnet und gemalt als alles andere. Selbst das Lesen hat mir nicht so viel Spaß gemacht wie das Zeichnen. Ich gestaltete die Preisschilder für die Waren im Laden, und wenn es ein Sonderangebot gab, z.B. Lachs in Dosen, dann malte ich zwei einen Wasserfall hinaufspringende Fische, und mein Vater hängte das Kunstwerk stolz über den Dosenturm, den er mitten im Laden hatte. Die Krönung war aber der Auftrag meines Vaters, eine Weihnachtsdekoration für seine Schaufenster zu machen. Ein Rentierachtergespann malte ich, schnitt es aus und ließ es über beide Schaufenster in hohem Bogen galoppieren, den ebenso gestalteten Santa Claus im Schlitten hinter sich herziehend. Mein Vater und ich, wir freuten uns beide kindisch darüber. Vielleicht deshalb, weil Juden Weihnachten nicht feiern und das Bild ein Ersatz dafür war.

Ansonsten betrieb ich die Sache mit meiner charakteristischen Ernsthaftigkeit: ich kaufte mir in einem Laden für Künstlerbedarf Anleitungen für das korrekte Malen: Portraitmalerei, Anatomie, Perspektive, und übte. Ganze Zeichenblöcke füllte ich. Das half aber alles nichts. Als die Trennung des musischen vom humanistischen Zweig in der Schule fällig war, redete meine vernünftige ältere Schwester auf meinen Vater ein, mich ja nicht den Fehler machen zu lassen, etwa Malerin werden zu wollen. Dazu müsse man ein Genie sein oder verhungern. Obwohl meine Kunsterzieherin ihn eigens aufsuchte, um meine Malgenialität zu bestätigen, schickte er mich Latein lernen und in die Universität. Es war das einzige Mal, daß er mich nicht »sah«, aber es hat mein weiteres Leben bestimmt. Meine ältere Schwester hat dann einen Rabbiner geheiratet. Aber ich mag sie trotzdem ganz gern.

Eine solche jiddische Mischpoche ist halt gut und auch schlecht, wie Milch und Honig, wie Pech und Schwefel – wie man's nimmt, ist es klebrig.

Meine Mutter sagt heute noch, ich war »een Ackschen«, was soviel wie »ein Ochse« heißt, nur in der verkleinerten Form. Ich sah zum Beispiel nicht ein, warum ich mit den schwarzen Kindern nicht spielen sollte. Sie kannten Gruppenspiele, die, wie Volkstänze, eine bestimmte Formation verlangten und die von rhythmischen Ausrufen begleitet wurden, als wären es Liturgien. Die Tage waren heiß, vom Mai bis September durchschnittlich 35°. Auch nachts waren es 28°. Es gab keine Klimaanlagen. Im Laden hing ein großer Ventilator von der Decke und drehte sich behäbig. Es war nur optisch, vielleicht auch psychologisch ein Unterschied, ob er eingeschaltet war oder nicht. In der Wohnung hatte niemand einen Ventilator. Man ging auf die Straße.

In unserer Gegend aber, sehr zum Verdruß meiner Mutter, gab es nur schwarze Spielgefährten auf der Straße. Sie hatte nichts gegen die Schwarzen. Im Gegenteil: in jenen Jahren gab es fast eine Solidarität zwischen den beiden Minderheiten. Diese Solidarität beruhte auf der Selbstachtung, auf der Achtung der Eigen-Art. Man bewahrte seine Volkseigenschaften. Sie waren wesentlich. Es war das Vermischen, das keiner gern sah, weder die Schwarzen noch die Juden, noch die Chinesen, noch die Mexikaner ... Die Vereinigten Staaten sind, im Gegensatz zur öffentlichen Meinung, kein Schmelztiegel. Es gibt Chinatown, Niggertown, Little Italy in den Städten noch heute. Die Abgrenzung ist die Voraussetzung für die Toleranz. Gleiche Rechte vor dem Gesetz wollte Abraham Lincoln. Und es ist die heute noch ausblei-

bende Gleichberechtigung, um die die Schwarzen kämpfen. Black is beautiful. Sie wollen nicht weiß sein.

Meine Mutter hatte das alles mehr im Gefühl. Jedenfalls tat sie viel für ihre Kunden, aber sie wollte nicht, daß ich auf der Straße spielte. Ich hatte auch meistens ein schlechtes Gewissen, tat es aber dennoch. Nicht nur ein schlechtes Gewissen, sondern auch den Kitzel, etwas Verbotenes zu tun.

Und sie waren erregend, diese Tanz-und Ruf-Spiele in den kahlen Lehmhinterhöfen. Es war schwül, und man kam sich nahe. Außerdem roch die schwere Luft nach Magnolien. Es ist sicherlich kitschig, aber ich denk an kalten deutschen Julitagen manchmal mit Sehnsucht daran zurück.

Friederike Mayröcker

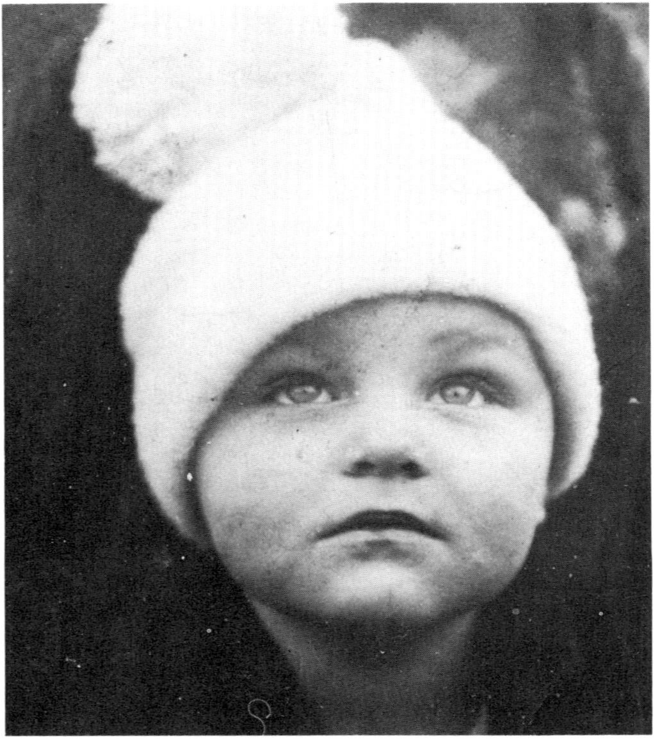

»Ich kniete vor jedem Käfer, redete zu den Katzen, schlang meine Arme um jedes Hündchen des Dorfes.«

1

Ich sasz dann da und starrte aufs Wasser. Ich sasz dann da und verfolgte mit meinen Augen den Flug der Schwalben, so niedrig, sie streiften beinahe die Dorfstrasze. Ich sasz dann da, und gegenüber wogte der Küchengarten. Ich sasz dann da, und ein Fenster öffnete sich an der Frontseite des Hauses, die grünen Gardienen flogen in den Garten hinaus, meine Mutter rief mich zum Essen. Ich sasz dann da und starrte auf den Salamander in meiner Hand, und mir kamen die Tränen vor Freude. Vor dem Haus auf dem Kühlerdach des alten Talbot lag die Nachbildung eines Salamanders und reckte den Hals. Ich sasz dann da und schob die Mundharmonika an meinen Lippen vor und zurück. Ich sasz dann da, und die Mittagssonne brannte auf die Steinstufen zum Ziehbrunnen. Ich sasz dann da, und im groszen Garten an der Längsseite des Hauses glühten die Feuerlilien, und Zitronenfalter gaukelten darüber hin, das birkenweisze Lusthäuschen glänzte zwischen Büschen und Beeten und Zwergbirnbäumen. Ich sasz dann da, und vor meinen Füszen lag mein Weggefährte aus Weidenzweigen. Den zog ich als treuen Hund nach, wo immer ich hinging. Ich sasz dann da und blickte in die untergehende Sonne.

2

Ich wanderte dann umher mit meinem dürren Weidenzweig. Ich wanderte dann umher, ein Stück die Dorfstrasze aufwärts bis zum Wegkreuz und wieder zurück. Selten wagte ich mich weiter weg. Ich streute dann auf dem Hinweg schöne duftende Robinienblätter, die ich aus niederhängenden Ästen gekämmt hatte, als Spur hinter mich, um wieder heimzufinden. Ich kniete vor jedem Käfer, redete zu den Katzen, schlang meine Arme um jedes Hündchen des Dorfes. Ich scheute aber die wilden gröszeren Dorfkinder, fürchtete mich vor der Dunkelheit und vor den Spinnen, welche aus all den Ritzen und Winkeln des feuchten Hauses sich auf mich zuzubewegen schienen. Ich wanderte dann umher, da stand mein Vater an der Böschung zum Bach und schnitzte für mich eine Weidenpfeife.

3

Dorli Brill, und Susi Dorsch, und Margit Schuster, und Ruth Uhan, und Madeleine Trauttmansdorff, und Erich Zinsler, und Erich Poupeé ... die anderen Namen vergasz ich, nicht mehr als ein Dutzend Knaben und Mädchen in meiner Klasse, private Volksschule: Institut Liszte: ich kam dorthin, zu den Englischen Fräulein, September 30, Cloth-Kleiderschürze, langer Trenchcoat. Pullmannmütze: ich würde dort vor Infektionskrankheiten eher bewahrt bleiben: meine besorgten liebenden Eltern, ich, ihr einziges Kind, zirpend ein Christvögelein beinah Weihnachsstern, Hausgeburt im groszelterlichen Schlafzimmer, am 20. Dezember 1924, vier Uhr nachmittags, die Hebamme hob mich empor und rief: ENGELGOTTESKIND! Mein Vater: Lehrer und leidenschaftlicher Motorist, intelligent, unternehmend, gesellig, ideenreich, die Motorräder und Automobile kamen und gingen ... Meine Mutter: Modistin, inspiriert, melancholisch, allen Künsten ergeben, aufopfernd, liebevoll.

Meine Groszmutter mütterlicherseits: verschwenderisch, träumerisch, lebensfern, zärtlich und sanft, eine Göttin in Taft und Seide: mein Liebling. Da waren wir alle Augenzeugen, als sie bald darauf starb, da waren wir alle Augenzeugen, als die Familie vor dem Zusammenbruch stand, da waren wir alle Augenzeugen, als das Landhaus versteigert wurde, als der Groszvater nachstarb, als in den Hinterhöfen der Häuser Arbeitslose sangen und bettelten.

4

Ich sasz dann da und verglich das Heute mit damals. Ich sasz dann da und hüpfte wieder im Kreidetempel im Park, in der Erinnerung: ein Mädchen mit blauen Augen und Ponyhaarschnitt, die Kirschenpärchen baumelten an den Ohren. Ich sasz dann da und retuschierte die Tankstelle weg, so dasz das alte Schulhaus wieder zum Vorschein kam. Ich sasz dann da und ging wieder an der Hand meiner Mutter die wenigen Schritte vom Wohnhaus zur Schule, sie trug meine Schultasche. Ich sasz dann da und weinte, weil ich fürchtete, sie würde vergessen haben, mich wieder zu holen. Ich sasz dann da und der Schuldirektor, ein alter spitzbärtiger freundlicher Mann, beugte sich zu mir nieder und fragte mich, ob ich schon lesen könne. Ich sasz dann da und fing zu lachen an, denn er hob mich auf und liesz mich auf seinen Knien reiten. Ich sasz dann da und ging wieder auf Zehenspitzen durch den mit ebenholzschwarzen Tischen und Stühlen ausgestatteten Festsaal des Schulhauses, der in den weitläufigen Schulgarten führte, irgendwo stand eine Gruppe Topfpalmen, auf dem gekräuselten Teich schwammen vier offene Wasserrosen. Ich sasz dann da und spürte, wie meine Mutter fror, weil sie bei Kältegraden hinter dem Einfriedungsgitter des Eislaufplatzes stand und nachmittagelang meine Schleifen, Bögen und Kurven verfolgte. Ich sasz dann da und wartete mit ungeduldiger Vorfreude, bis meine Mutter auf ihrer alten Nähmaschine das blaue Etaminkleidchen, das ich mir gewünscht hatte, fertiggenäht hatte (». . . ein Eitelkleid . . . und rückwärts zu schlieszen . . .«).

Ich sasz dann da und hörte am Weihnachtsabend ein Schellen zum Zeichen, dasz die Bescherung beginnt: ich sasz dann da und sah, dasz meine Mutter mit ihrem Ehering gegen die Wasserkanne geklirrt hatte.

Ich sasz dann da, und es war ein schwarzer Brief. Ich sasz dann da und ich sah meine beiden Grosztanten vorübergehen. Beide in langen wallenden grauen Gummimänteln. Ich

sasz dann da und schaute aus dem Kabinettfenster in der Wohnung der beiden Grosztanten in einen grellgelb besonnten Hof hinunter. Ich sasz dann da und wuszte nicht, was geschehen war, aber ich fühlte, dasz es etwas Schreckliches, Schweres war. Ich sasz dann da und war so erschrocken und konnte es nicht verstehen, und alle Familienmitglieder waren besorgt um mich und wollten mir immerzu Limonade und Butterbrot geben. Ich sasz dann da und hielt mir weinend die Hand vors Gesicht, denn ich wollte meine Mutter nicht ansehen müssen mit ihren geöffneten Adern.

5

Ich wanderte dann umher und sah viele Fliederbüsche. Ich wanderte dann umher, und in der Wandelhalle der Schule standen die Mädchen mit blauen Faltenröcken und weiszen Blusen. Ich wanderte dann umher, und mein Vater führte mich auf den Leopoldsberg. Von der Aussichtswarte aus, wo es auch sommers stürmte, zeigte er auf die Stadt und den Flusz und erzählte mir Lehrreiches über das Land und die Landschaft, aber ich wollte nicht zuhören.

Ich wanderte dann umher, und im Hinterhof eines Abbruchhauses sah ich einen kahlen Strauch, der plötzlich zu brennen begonnen hatte, es war ein Pfingsttag. Ich wanderte dann umher und kauerte nieder und schrieb im Anblick des brennenden Busches mein erstes Gedicht.

Margarete Mitscherlich-Nielsen

»Körperliche Angst lernte ich erst in der Pubertät kennen, vorher war mir kein Baum zu hoch, um ihn zu erklettern, kein Sprungbrett zu gefährlich, um von ihm aus ins Wasser zu springen.«

Ich kann mich genau daran erinnern, so meine ich wenigsten, was für Gefühle ich als kleines Mädchen hatte. Fast körperlich spüre ich, wie ich die Straße entlang hüpfe oder laufe, denn zu gehen war mir fast unmöglich. Bewegung war für mich elementar wichtig, meist lustvoll. Schwimmen, ins Wasser springen, schaukeln, auf Bäume klettern gehörten während des Sommers zu meinen täglichen Vergnügungen, denen ich leidenschaftlich nachging.

In einer kleinen dänischen Stadt nahe der Grenze geboren, war meine Kindheit und Jugend von der Grenzlandsituation geprägt. Da mein Vater Däne war, meine Mutter aus Deutschland stammte, gab es zwischen ihnen viele Probleme, die mit ihrer unterschiedlichen nationalen Gesinnung in Zusammenhang standen. Denn Dänen und Deutsche, die in diesem Gebiet zusammenlebten, waren sich keineswegs besonders freundlich gesonnen. Dieses Grenzland hatte wiederholt seinen Herrn gewechselt, die Deutschen waren seit dem Sieg 1864 über die Dänen bis nach dem ersten Weltkrieg dessen Besitzer, erst 1920 kam es aufgrund einer Abstimmung wieder zu Dänemark.

Mein Vater gehörte einer national gesonnenen Familie an, die seit jeher für die Rückgabe der über lange Zeit dänischen Gebiete gekämpft hatte und unter der deutschen Herrschaft litt, die eine freie Betätigung dänischer politischer und kultureller Interessen vielfach behinderte. Meine dänische Familie gab auch nach der Abstimmung von 1920, durch die Teile des dänisch-deutschen Grenzgebietes an Dänemark zurückfielen, ihre Bemühungen nicht auf, noch weiter südlich der neuen Grenze für die Verbreitung dänischen Volkstums und dänischer Kultur zu kämpfen. Deswegen gründete mein Großvater noch in relativ hohem Alter eine Bank, er wollte der im deutschen Grenzgebiet lebenden dänischen Minderheit finanzielle Beihilfe leisten.

In dem großen Arzthaus, in dem ich aufwuchs, war ganz oben unter dem Dach, im sogenannten Saal, ein großer Danneborg – so heißt die dänische Fahne –, die immer dann herausgehängt wurde, wenn dänische Nationalfeste stattfanden, wenn historische Ereignisse, beispielsweise Siege, die irgendwann einmal erkämpft worden waren, gefeiert wurden, und das waren meist Siege (oder Niederlagen!) in Kriegen oder Auseinandersetzungen mit dem südlichen Nachbarn Deutschland.

Die Fahne war groß und breitete sich in ihrer Länge so ziemlich über das ganze Haus aus. Meine Mutter, eine nationalbewußte Deutsche, bekam dann regelmäßig Migräne und mußte den Tag im verdunkelten Zimmer verbringen.

Ich sprach beide Sprachen, Deutsch und Dänisch, wie es dort meist der Fall war, und lieh mir, da ich schon früh viel und gern las, aus beiden dort vorhandenen Bibliotheken, der deutschen und der dänischen, Bücher aus, um meinen Lesehunger zu befriedigen. Es war mühsam für ein Kind, von zwei sich so konträr fühlenden Elternidentitäten bestimmt zu werden und dennoch ein Gefühl innerer Sicherheit zu entwickeln. Ich meine, daß sich auch auf diese Situation – nämlich unentwegt konfrontiert zu sein mit zwei oft kontroversen Arten zu denken, zu fühlen und zu bewerten – zurückführen läßt, daß ich schließlich Psychoanalytikerin wurde. Denn in diesem Beruf wird ja verlangt, was für mich quasi von früh auf natürlich war, sich mit seinen Patienten und Analysanden identifizieren und sich gleichzeitig von ihnen distanzieren zu können. War es doch in meiner Kindheit nicht selten so: kaum hatte ich mich mit einem Teil der Familie, deren Freunden und Freundinnen identifiziert, kam ich mit dem anderen Teil in Verbindung, der oft gegensätzliche Meinungen und Positionen vertrat.

Um diesen, für ein Kind schwierigen Situationen zu begegnen, entwickelte ich frühzeitig zwei Eigenschaften: die Selbst- und Fremdbeobachtung, die oft schmerzlich war und heftige kritische Züge annehmen konnte. Ich versuchte genau hinzusehen, wollte immer die »Wahrheit« über Situationen und Menschen herausfinden. Auch wehrte ich mich gegen den dauernden Identitätswechsel durch oft übertriebene

Identifikation mit den Freunden und Nahestehenden der Kindheit, insbesondere mit meiner Mutter, deren nationaldeutsche Einstellung ich über lange Zeit übernahm, und die mir erst durch Hitler ausgetrieben wurde. Nun war die Übereinstimmung mit meiner Mutter auch deswegen nicht besonders schwer, da sie in der Tat eine liebenswerte, warmherzige, zur Einfühlung fähige Frau war. Auch war sie meist heiter, hatte so viele kindliche Seiten, daß sie sich unschwer in ihre Kinder einfühlen konnte und mit ihnen Spiele spielte, die festlich überraschenden Charakter hatten.

Wir gingen zum Beispiel oft spazieren, in die naheliegenden Wälder, und fanden dort in einem hohlen Baumstamm irgendeine Überraschung. Kindergeburtstage wurden im Wald gefeiert, abwechslungsreiche Spiele wurden von ihr inszeniert, Weihnachten war ein großes Fest mit genau den Geschenken, die man sich gewünscht hatte, und vielem ähnlichen mehr. Sie kannte auch meine Trennungsangst, fühlte sich in sie ein, fand meist Trost und Milderung dafür. Wenn ich krank war, las sie mir vor, wärmte die Bettdecke im Winter – nun, ich könnte noch vieles aufzählen, was ich an Positivem von ihr erfahren durfte.

Die Neigung, schon im frühen Kindesalter viel zu lesen, stammt wohl auch von ihr, wie auch das Bedürfnis nach körperlicher Bewegung in recht komplizierter Weise mit ihr in Zusammenhang stand. Sie hatte als Fünfjährige eine Knochentuberkulose durchgemacht, deren Folge ein verkürztes Bein, ein deformierter Fuß und ein versteiftes Fußgelenk waren. Die Bewegungseinschränkung, die das mit sich gebracht hatte, nahm sie sehr mit. Später – so kenne ich sie als kleines Mädchen – war sie trotz dieser Leiden erstaunlich bewegungsfreudig. Sie verleugnete – und ich mit ihr – diese körperlichen Behinderungen so weit wie möglich.

Aber konnte ich wirklich offen sein zu meiner Mutter? Ich durfte zum Beispiel um keinen Preis lügen, das war eine unverzeihliche Sünde und wirkte ziemlich bedrängend auf mich. Sexuelle Spiele mit den Kindern der Umgebung, überhaupt Regungen sexueller Art galten als mit das Schlimmste, was ein Kind haben konnte, von der krankmachenden Wirkung solcher Spielereien wurde früh gesprochen. Meine Mutter bekam dann die mich so bedrückenden »traurigen Augen«.

Ja, sie konnte einen schon sehr an sich binden. Meinem Vater durfte ich zwar, wenn möglich, gute Laune machen, denn er war nicht selten überlastet und verstimmt, aber die Liebe sollte doch eigentlich ihr allein gehören. Dabei konnte mein Vater sich eindeutiger als sie auf meine Seite stellen, wenn ich beispielsweise Schwierigkeiten mit Lehrern und Lehrerinnen hatte. Ich war ihm dankbar dafür, hatte allerdings im Geheimen das Gefühl, daß es ihm an kritischem Überblick auch mir gegenüber eher fehle. Dennoch hat mir das offenbar wohler getan, als es mir damals bewußt war, denn ich habe später auch meinen Kindern gegenüber diese Haltung eingenommen.

Meine Mutter aber war die Bestimmende in dem Hause mit den aus den zwei Ehen meines Vaters stammenden fünf Kindern. Mein Vater war zwar, als Arzt nach außen hin bekannt, deutlich Oberhaupt der Familie, aber drinnen herrschte die Mutter. Mein Vater wurde mit zunehmendem Alter mehr und mehr ihr Kind, wie es so häufig der Fall ist. Schon wegen ihrer Wärme und Einfühlung hingen alle Kinder mehr an ihr als am Vater, der dazu neigte, egozentrisch um die eigenen Bedürfnisse, Leiden und Sorgen zu kreisen. Dieses Gefühl, von ihr weitgehend verstanden zu werden, wie auch ihre Heiterkeit wogen alles andere auf.

Sie sah sich als emanzipierte Frau, war lange berufstätig gewesen, hatte studiert. Ihre Freundinnen, viele davon blieben unverheiratet, waren meist berufstätig, waren beispielsweise Anhänger Gertrud Bäumers und der von ihr verkörperten Strömung der bürgerlichen Frauenbewegung. Was letztendlich zur Folge hatte: Anpassung an bestehende Verhältnisse und konservativ nationale Gesinnung. Dennoch: im Vergleich zu anderen Ehefrauen der Ärzte und Akademiker am Ort war meine Mutter wohl tatsächlich emanzipiert. Sie las viel, war recht gebildet, an manchen geistigen und politischen Themen lebhaft interessiert. Und dennoch ging von ihr und ihren Freundinnen zweifellos auch eine klassenbeschränkte konservative Stimmung aus.

Ich habe meine Mutter schon als kleines Mädchen, noch mehr, als ich in die Nähe der Pubertät kam, oft gefragt, warum sie um Gottes Willen meinen Vater geheiratet hätte, den ich als ihr weit unterlegen empfand. Ich wollte, so betonte ich immer wieder, überhaupt nicht heiraten, das sei doch »reine Prostitution«, man schlafe mit dem Mann, nicht weil man ihn liebe, sondern weil er einem ökonomisch und gesellschaftlich Sicherheit biete.

Diese Themen, die ich immer wieder aufbrachte, hatten wahrscheinlich auch in ihrer Rigorosität den mir damals unbewußten Zweck, meine Mutter zu kränken und ihr die Verachtung meiner kindlichen Sexualität, deretwegen sie mir zu viele Schuldgefühle aufgeladen hatte, zurückzuzahlen. Dennoch hatte sie, trotz aller Identifikation mit vielen der bürgerlichen Vorurteile ihrer Umwelt, auch mit meiner Verachtung und Verspottung dieser Welt im Grund Sympathie, auch sie war nicht ohne revolutionäre Bedürfnisse. Mit meiner Auflehnung war es auch so weit nicht her, denn faktisch war ich an die Gesetze des Anstandes, an deren weibliches Rollenverständnis viel mehr gebunden, als ich es wahrhaben wollte.

Immerhin war es dann auch meine Mutter, die später darauf drang, daß ich mich frühzeitig vom Elternhaus und damit auch von ihr löste, um in einer nahegelegenen Stadt in eine Pension für Schüler zu gehen und dort mein Abitur zu machen. So schmerzlich mir diese Trennung anfänglich wurde – ohne sie wäre ich wahrscheinlich nie selbständig geworden und hätte nie die notwendige Trauer und Ablösung von einer geliebten Person ertragen gelernt.

Aber das ist nicht mehr das kleine Mädchen, von dem es hier zu erzählen gibt. Was könnte ich noch von diesem berichten? Körperliche Angst lernte ich erst in der Pubertät kennen, vorher war mir kein Baum zu hoch, um ihn zu erklettern, kein Sprungbrett zu gefährlich, um von ihm aus ins Wasser zu springen etc., dennoch kannte ich Angst sehr wohl, da gab es die Angst vor der Dunkelheit, die mich oft überwältigte. Abends in ein dunkles Zimmer oder gar in den Keller zu gehen, war mir äußerst unangenehm.

Da gab es auch die Angst vor Hunden und last not least die vor Spinnen. Wenn ich bei meinen Klettereien plötzlich auf eine Spinne stieß, kam es vor, daß ich mich mit einem lauten Schrei einfach herunterfallen ließ. Auch hatte ich Angst vor meinem um weniges älteren Bruder, der sehr eifersüchtig war, weil er glaubte, die Mutter bevorzuge mich, und deswegen jede Gelegenheit nutzte, mich zu prügeln. Erst später kam die Angst vor der Angst zu den vielen anderen Ängsten dazu, in der frühen Kindheit aber hatte die Angst durchaus noch unmittelbare Objekte und Inhalte.

Vor allem aber hatte ich eben Angst vor der Trennung von meiner Mutter. Ich war eindeutig ein Mutterkind, auch wenn ich gleichzeitig schon früh die Neigung zum Weglaufen oder auch zur Erkundung der näheren und weiteren Umgebung zeigte und damit die Eltern oft ängstigte. Wenn die Mutter nur einen Tag in die nahegelegene Stadt fuhr, ich sie bei der Rückkehr aus der Schule zu Hause nicht vorfand, wurde ich weinerlich, zog mich zurück und litt unter Trennungsangst. Die Wochen, in denen die Eltern einmal im Jahr ihren Urlaub antraten, waren für mich immer schwer zu ertragen, besonders am Anfang, wenn der Abschied drohte.

Wozu alle diese Beschreibungen? Ich weiß es selber nicht. Vielleicht ergibt sich am Ende, was hier an weiterführenden Erkenntnissen enthalten sein könnte.

Ich hatte zum Beispiel eigentlich immer Freundinnen, sogenannte Busenfreundinnen. Die erste Freundschaft begann schon vor der Schulzeit. Dieses Mädchen steckte mir eines Tages eine Schleife mit der Stecknadel in den Kopf, wie man es bei seiner Puppe tut. Ich fühlte mich ziemlich sadistisch behandelt, dennoch hilflos und konnte nur vorwurflos-gekränkt reagieren. Es fiel mir, so meine ich, ziemlich schwer, mich aggressiv zu wehren, obwohl mein Bruder sich heute noch – nicht ohne Amüsement – an meine plötzlichen äußerst heftigen Wutanfälle erinnert, wenn er mich bis an die Grenzen des Erträglichen gequält hatte. Also so sanft und masochistisch, wie ich mich manchmal in Erinnerung habe, werde ich kaum gewesen sein, denn in der Schule hatte ich gelegentlich die denkbar schlechtesten Betragensnoten.

Meine sadistische Haarschleifenfreundin wurde mir nach einigen Jahren eher etwas langweilig, und ich verließ sie zugunsten einer anderen, die wiederum für lange Zeit meine beste, bewunderte Freundin blieb. Auch diese verließ ich später wieder, um mich einer anderen mir interessanteren zuzuwenden. So treu und zuverlässig, wie ich mich selber sehen wollte, war ich also kaum. Wenn ich mich in Wut und Empörung von jemand abwendete, war das oft für immer.

Dennoch war es lange das Typische in meinen Beziehungen zu Freundinnen, wie auch zu Lehrerinnen, daß ich sie bewunderte. Sie waren mir Vorbild, wie meine Mutter. Vaterfiguren zum Bewundern wurden natürlich auch gesucht, aber viel seltener gefunden als Frauen. Erst später habe ich erkannt, wie sehr ich auch Vaterimagines brauchte, um mein Selbstwertgefühl zu stabilisieren. Erst waren es die Väter meiner Freundinnen, die ich bewunderte und auf deren Frauen ich eher herabsah. Sie konnten sich mit meiner Mutter meinem Gefühl nach nicht messen. Eine Parteinahme für »Väter« gab es also auch. Offenbar entbehrte ich, mehr als ich wußte, einen Vater, zu dem ich aufsehen und der mir Sicherheit vermitteln konnte.

Wenn ich später auf Männer stieß, die mir weniger zuverlässig und zu altruistischer Zuwendung weniger fähig schienen als Frauen, so blieb doch unübersehbar auch die Sehnsucht bestehen, Männer idealisieren und mich mit ihnen identifizieren zu können, auch wenn ich sie immer wieder auf die »Probe« stellen mußte, was nicht selten zu Enttäuschungen führte.

Jedenfalls war auch in meiner Familie das typische »Arrangement der Geschlechter« nicht zu übersehen. Die kleinen Kinder wurden von der Mutter erzogen, der Vater war draußen in der Gesellschaft bestimmend. Da allein die Mutter für die kleinen Kinder verantwortlich ist, verzeihen diese in ihrer Hilflosigkeit nie, wenn die Mutter in der Einfühlung ihnen gegenüber versagt. Der Vater, der, wenn überhaupt, erst später seinen Einfluß auf die Kindererziehung geltend macht, erweckt deswegen bei ihnen im allgemeinen nicht die tiefe Animosität, die die Mutter zu spüren bekommt. Dafür ist allerdings die Zuneigung und Verbundenheit mit ihm auch oft oberflächlicher als in der Beziehung zur Mutter, so war das auch bei mir der Fall.

Von der Mutter wird in der frühen Kindheit erwartet, daß sie, wenn sie nur will, alles verstehen und alle Wünsche erfüllen kann. Auch der erwachsene Mann erwartet von der Frau eine ähnliche Verstehensbereitschaft und Toleranz und bleibt wie das kleine Kind ihren Fehlern gegenüber oft ohne Verzeihensbereitschaft. Obwohl er nach außen mehr Macht besitzt als sie, liegt bei der doppelten Moral, die nach wie vor unsere Gesellschaft beherrscht, die Last der moralischen Verantwortung fast ausschließlich auf ihren Schultern.

Mit Recht betont deswegen Dorothy Dinnerstein, daß bei einem solchen »Arrangement«, durch das der Mann zu moralischer Faulheit geradezu aufgefordert wird, seine Reife und die Fähigkeit zur Einfühlung oft infantil bleiben; wie auch die aktiven, kreativen und unternehmenden Eigenschaften der Frau verkümmern, wenn sie unterdrückt werden. Die untergründige, aber oft tiefgehende Wut, die diese Situation bei der Frau auslöst, bricht entweder mehr oder weniger hilflos durch – wie ich es an mir selber oft beobachten konnte –, oder eine Frau wendet ihren Zorn in masochistischer Leidensbereitschaft gegen sich selbst. Sie verbündet sich dann innerlich mit den Vorstellungen des Mannes, daß es doch rechtens sei, wenn ausschließlich er sich voll verwirklicht und seine Bedürfnisbefriedigung ungehemmmt durchsetzt.

»Die Mutter ist an allem schuld«, diese so oft vertretene Meinung konnte auch ich, trotz aller Liebe zu meiner Mutter, unbewußt über lange Zeit nicht ganz überwinden. Von ihr verlangte ich Vollkommenheit und Verzicht auf eigene Bedürfnisse. Daß keine Mutter, wie überhaupt kein Mensch, fehlerfrei ist und deswegen nie »ideal« sein kann, will bis heute so mancher nicht einsehen. Das »Drama des begabten Kindes« (Alice Miller) ist im Grunde ein »Drama der überforderten, in ihren Fähigkeiten gehemmten Mutter«, von der Einfühlung ohne Ende und ohne Einschränkung verlangt wird; Eigenschaften, die man ihr selber aber vorenthält.

Die Fehler des Vaters, mit denen das Kind später konfrontiert wird als mit denen der Mutter, ist es eher bereit zu verzeihen (obwohl das Kind sich auch vom Vater abzuwenden pflegt, wenn er dessen Idealisierungsbedürfnisse nicht befriedigen kann).

Trotz aller späteren Kritik an ihm sind die ersten Erinnerungen an meinen Vater dennoch recht positiv. Er spielte zum Beispiel mit meinem Bruder und mir den bösen Wolf, um uns unsere Ängste vor Dunkelheit auszutreiben. Dabei ließ er sich nach wildem Geheule schließlich in einem dunklen Zimmer von uns einfangen und zähmen. Auch machte er lange Spaziergänge mit uns, wir suchten gemeinsam Pilze, er machte uns auf vielerlei aufmerksam, und wir fühlten uns sicher und wohl in seiner Gegenwart. Was mir dieses Gefühl der Sicherheit ihm gegenüber nahm, war wohl sein seelischer Zusammenbruch, nachdem die Bank meines Großvaters, die der dänischen Minderheit südlich der Grenze doch hatte Finanzhilfe leisten sollen, durch Leichtsinn eines Vetters bankrott machte. Nicht nur verlor mein Vater sein ganzes erspartes Geld, es war vor allem der Verlust der »Familienehre«, den er kaum zu ertragen vermochte. Ich war etwa 6 Jahre alt, als das geschah, und ich sehe ihn noch, als wenn

es gestern gewesen wäre, beim Frühstück seinen Kopf auf seine Arme legen und bitterlich schluchzen. Offenbar hat mich das zutiefst schockiert, denn ich habe nie mehr das Gefühl der Geborgenheit ihm gegenüber entwickeln können, wohl aber das des Mitleids.

Bei meiner Geburt war er schon 49 Jahre alt, beim Verlust seines Vermögens also keineswegs mehr jung und auch schon oft krank.

Seine zunehmend egozentrischen und depressiven Reaktionen, sein – im Vergleich zur Mutter – viel geringeres Interesse an Menschen, Literatur, Kunst etc., kurz seine »Schwere« ließen mich ihn dann oft als Last empfinden. Als Kind ist man ja in der Tat grausam in seiner Ablehnung, wenn die Eltern die kindlichen Idealbedürfnisse nicht entsprechend zu erfüllen vermögen.

Rückblickend kann ich es schlecht nachempfinden, warum ich für den psychischen Zusammenbruch meines alternden und kranken Vaters – nach dem Verlust seiner »Familienehre« und der finanziellen Sicherheit – nicht mehr Verständnis aufbrachte und warum ich mich deswegen innerlich so geschockt von ihm abwenden mußte. Auch muß ich mich über mich selber wundern, daß ich den Ängsten meiner Mutter und ihrer moralischen Intoleranz der Sexualität gegenüber, wie sie sie von der sie umgebenden Gesellschaft übernommen hatte, auch noch als Erwachsene, mit so wenig Empathie, sondern nur mit Schuldgefühlen oder untergründiger Wut begegnen konnte.

Aber man muß sich wohl damit abfinden, daß Einfühlung in und Reflexion über die Situation der Eltern, die ein Kind nicht zu leisten vermag, auch dem Erwachsenen noch schwerfällt. Um zu einer überlegeneren Einstellung fähig zu werden, ist Nachdenken, insbesondere über unsere Situation als Frau, bitter notwendig. Denn bis heute geschieht es – auch von feministischer Seite – immer wieder, daß der Mutter (oder den Eltern) die Schuld für alle eigene Fehlentwicklung zugeschoben wird.

Renate Rasp

»›Kinder raus!‹ pflegte mein Vater anzuordnen, wenn Gäste kamen. Zur Erklärung fügte er hinzu: ›Erwachsene fühlen sich geniert, wenn Kinder dabei sind.‹«

Die Viktorianer waren der Meinung, daß man Kinder nur sehen und nicht hören sollte, ein Freund sagte daraufhin, er wolle sie nicht einmal hören, und ich selbst möchte für meine Person feststellen dürfen, daß ich nicht einmal von ihnen hören möchte. Dies betrifft auch die eigene Kindheit. Schriftsteller werden oft sentimental – ich schließe mich selber dabei nicht aus –, wenn es um einen Rückblick geht, und vergolden irgendwelche Details, nur weil sie sie unter dem Aspekt der Vergangenheit in einem rosigeren Licht zu sehen glauben. Da gibt es die ausführlichen Berichte vom Ins-Bett-gebracht-werden und dem Gute-Nacht-Kuß der Mutter in peinlicher Genauigkeit. Gerichte werden beschrieben, die einmal auf den Tisch kamen. Goethe hätte sich selbst und Generationen von Schulkindern einiges erspart, wenn er die Geschichte, wie er einstmals Teller auf die Frankfurter Gassen warf, für sich behalten hätte. Doch nicht nur Schriftstellern trübt sich der Blick, wenn es um die eigene Kindheit geht. Es passierte mir erst neulich auf einer Party, daß ein Mann mir von einem in der Kindheit genossenen Gänsebraten erzählte und sich in einer langen Schilderung der Kruste erging. Ich mußte die Geschichte auf hohen Hacken stehend mitanhören und werde sie noch lange als Marter besonderer Art im Gedächtnis behalten.

»Kinder raus!« pflegte mein Vater anzuordnen, wenn Gäste kamen. Zur Erklärung fügte er hinzu: »Erwachsene fühlen sich geniert, wenn Kinder dabei sind.« Für meinen Bruder und mich war dies ein Signal, uns in andere Räumlichkeiten zurückzuziehen. Andererseits nahm er mich in Berlin im Jahre 1947, als ich zwölf Jahre alt war, in den Künstlerklub »Möve« mit, wo man gegen Gutscheine ein Mittagessen bekam. Als Schauspieler bezog mein Vater die Lebensmittelkarte für Schwerarbeiter und ich die Kinderkarte, doch bedeuteten die dreißig Bons für je ein Mittagessen, die er im Monat vom Deutschen Theater bekam, so viel, daß man deswegen von Berlin-Wilmersdorf, wo sich unsere Wohnung befand, in den Ost-Teil der Stadt fuhr. Auch Brecht verkehrte in der »Möve«. Mein Vater bat ihn, mir in mein Poesiealbum eine Widmung zu schreiben. Brecht tat es, und das Album existiert noch heute.

Es gibt also – und dies begriff ich sehr früh – zweierlei Arten von Kindern, nämlich den Erwachsenen, der bereits im Kind vorhanden ist, und einen Menschen, der sich in einem Zustand befindet, in welchem man ihm nichts Gutes antut, wenn man ihn mit anderen Menschen zusammenbringt. Es handelt sich nämlich um ein vormenschliches Stadium, ein Stadium, in dem sich der Betreffende oftmals dagegen sträubt, ein »Mensch« zu werden. Über diese Ur-Zeit, die der des Neandertalers ähnelt, sollte man schweigend hinwegsehen, und wenn ich der Aufforderung gefolgt bin, hier über meine Kindheit zu sprechen, das »kleine Mädchen«, das ich einmal war, so möchte ich über den Erwachsenen sprechen, der manchmal aus ihm hervorschaute, und ich bin all denen dankbar, welche diesen Erwachsenen in mir erkannten und mich entsprechend behandelten. Bert Brecht hat dies getan. Er schrieb der Zwölfjährigen einen Satz ins Poesiealbum, der an den Menschen gerichtet war, der ich heute bin. Brecht wandelte das Goethe-Wort ab und schrieb: »Höchstes Glück der Erdenkinder ist nicht die Persönlichkeit.«

Wenn es heute vorkommt, daß sich »Kinder« an mich wenden, so versuche ich, ebenso zu verfahren. Stets sind die Angesprochenen mir dafür dankbar.

Ich begriff sehr früh, daß jener »andere Mensch«, den man nicht »rauswarf«, wenn Gäste kamen, eine Erziehung braucht, und habe es mir zum Lebensprinzip gemacht, mich immer wieder in die Rolle des Lernenden zu begeben. Die größte Sorge seit meinem sechsten Lebensjahr galt meiner eigenen Bildung. Um dem Leser von heute einen Begriff zu geben von den Schwierigkeiten, die ein Kind vor vierzig Jahren unter gewissen widrigen Umständen haben konnte, darf ich seinen Blick auf die Zeit und die Umstände lenken, in denen ich mich damals befand.

Im Jahre 1935 in Berlin-Wilmersdorf geboren, war ich bei Ausbruch des Zweiten Weltkriegs vier Jahre alt. Als ich ins schulpflichtige Alter kam, wohnte ich in einem Dorf, das sich bis heute in keinem Atlas findet. Es liegt etwa eine Autostunde von Berlin entfernt, zwischen Erkner und Fürstenwalde. Zur nächsten Bahnstation mußte man eine halbe Stunde mit dem Rad fahren. Der Ort hatte keine eigene Post und keine Schule. Er heißt Mönchwinkel. Nach dem Kauf des Anwesens gefragt, das sich in der »Reihe 5« befand, erklärte mein Vater, er habe, als er im Jahre 1938 die Verkaufsanzeige in der ›Berliner Morgenpost‹ las, vorgehabt, dieses Haus unbesehen zu kaufen.

Der Ort gehörte noch zum »Großraum Berlin« und zählte knapp tausend Einwohner. Es waren »Häusler«, die dort lebten, eine Mischung aus Land- und Stadtbevölkerung, denn ein großer Teil des täglichen Bedarfs wurde von der Landwirtschaft bestritten. Manche waren bei der Bahn beschäftigt, andere als Holzfäller. Ein Rest bestand aus Asozialen. Hier konnte der Nationalsozialismus kaum Boden gewinnen, weil sich an dem sozialen Status der Leute kaum etwas änderte. Gehaßt wurde, wer in dieser Gemeinde mehr besaß als der andere. Und als ein Robin Hood galt derjenige, der, wenn auch nur für die eigene Familie, für den gerechten Ausgleich sorgte, ein Mensch, der durchaus sympathisch sein konnte, es sei denn, man gehörte selbst zu den Bestohlenen.

Eine halbe Stunde brauchte man von hier zur Schule, einem roten Backsteinbau, in dem der Lehrer seine Wohnung hatte. Das Klassenzimmer bestand aus einem einzigen Raum, wo alle Jahrgänge bis zum vierzehnten Lebensjahr unterrichtet wurden.

Hier hatte ich Gelegenheit, ein Gruppenverhalten zu studieren, das sich auf den Außenseiter bezog, der ich selber war. In dieser feindlichen Umwelt konnte nur überleben, wer sich Respekt verschaffte. In ihrem Verhalten unterschieden sich die Kinder in nichts von den Tieren, die man bei sich auf dem Hof beobachten konnte. Dies war die eigentliche Schule. Ich lernte, so zu sein, wie die anderen sind. Vor dem Hintergrund dieser Ärmsten, zu denen ich unbedingt gehören wollte, nahm sich der Haushalt meiner Eltern aus wie eine andere Welt. Zu dieser anderen Welt wollte ich ebenfalls gehören, und so war mein Leben überschattet von der Angst, ich könnte nie aus diesem Dorf herauskommen.

Von heute aus betrachtet, war diese Angst durchaus berechtigt. Der Unterricht in dem einzigen Schulraum vermittelte wohl die Grundbegriffe des Lesens und Schreibens, doch nicht mehr. Die interessanteste Studie bot die Figur des Lehrers selbst, der ebenso wie die Eltern der Schüler eine kleine Landwirtschaft betrieb, um seinen Lebensunterhalt aufzubessern. Es gehörte zum Unterricht, daß die Schüler hier mit anfassen mußten. Bei der Kirschernte war es selbstverständlich, daß die Schule geschlossen blieb und alle Schüler, mit Körben und Schüsseln versehen, die Ernte einbringen halfen.

Der Lehrer war »Parteigenosse« und ein begeisterter Hitler-Verehrer. Wie oft mußten wir Schüler uns die Anekdote anhören, wie der »Führer« mit seinen Soldaten im Chausseegraben gesessen und einen Apfel verzehrt habe. Die mit vielen Details ausgeschmückte Geschichte sollte den Schülern als Beispiel für einfache Lebensführung dienen. Eine andere Lieblingsgeschichte des Lehrers handelte von einem Bettler, der nicht wußte, wo er den Winter verbringen sollte, und sich durch Diebstahl ein warmes Plätzchen im Gefängnis zu beschaffen wußte. Die größte Aufmerksamkeit aber ließ der Lehrer Reichmann der richtigen Ausführung des Hitlergrußes angedeihen. Bei Nichtbeachtung seiner Wünsche mußte der betreffende Schüler neben seinem Rad herlaufen. Erst wenn er den Gruß, natürlich im Dauerlauf, formgerecht ausführte, erließ der Lehrer ihm die Strafe. 1943 wurde er zur russischen Front eingezogen. Der Unterricht fand ab jetzt nur dreimal in der Woche statt. Den Lehrer Reichmann sahen wir nur noch einmal, als er in feldgrauer Uniform über Weihnachten nach Hause kam. Im drauffolgenden Frühjahr trug die Tochter Inge ein schwarzes Kleid, und es wurde uns mitgeteilt, Lehrer Reichmann sei den Heldentod gestorben, woraufhin wir das Lied vom ›Guten Kameraden‹ anstimmten.

Ich kannte und verstand diese Menschen, die so hart um das nackte Dasein kämpfen mußten, bis in ihre innersten Regungen und wünsche mir manchmal, wenn ein Freund sagt: Schreib doch einmal über diese Zeit!, ich hätte damals noch genauer hinschauen können und wäre damals nicht das »Kind« gewesen. Der einzige Vorteil, den das »Kindsein« bot, war, daß ein Kind unbemerkt überall hineinschlüpfen konnte. Ich brauchte keinen besonderen Grund, um beim Nachbarn in die Küche zu gehen. Ich sah dort das in Gläsern eingemachte Fleisch, das von nachts gestohlenem Vieh stammte, und bemerkte, als es auf einmal Schlachtsuppe gab, wie die Nachbarin »Mutter Thieme« meine Anwesenheit als störend empfand. Sie wollte partout nicht gefragt werden, wo das herkam.

Jeder einzelne hatte sein besonderes Gesicht, auch Frau Schulze, die die »Tränenschulze« hieß, weil sie, wie der Name sagt, oft in Tränen ausbrach. Sie sprach es aus: »Der Mensch muß eine Fahne haben!« und: »Wir gehen immer mit dem großen Haufen.« Von ihr stammt auch der Satz, den mein Vater später oft zitierte, weil er die Zeit der Naturalienwährung am besten widerspiegelt: »Wir sind arme Leute und können es uns nicht leisten, für Äpfel Geld anzunehmen.«

Eine Hoffnung hatten sie alle. Ich begriff, daß man hier ohne Hoffnung nicht existieren konnte. Meine Hoffnung war, aus diesem Ort herauszukommen, eine richtige Schule besuchen zu können. Die Leute im Dorf hofften, der Krieg würde »gut ausgehen«. »Gut« hieß, daß es nicht schlechter ging. Der »Kommunist«, der ein paar Häuser weiter in der »Reihe« wohnte, setzte auf die Russen. Später, als die Russen das Dorf längst eingenommen hatten, hoffte man auf die Amerikaner. Man versprach sich eine Besserung der Lebensumstände, die schlagartig einsetzen würde, sobald »der

Amerikaner« käme. Irgendeiner hatte immer etwas gehört, worauf sich diese Hoffnung stützte.

Wie schwer es ist, ein »Erwachsener« zu sein, begriff ich mit neun Jahren. »Kinder haben ihre Eltern angezeigt«, hörte ich von meinem Vater, »weil sie ausländische Sender hörten. Vor Kindern muß man auf der Hut sein.«

Ich verachtete jene Kinder und meinte, mein Vater würde mich nicht mit ihnen gleichsetzen, sonst hätte er nicht in dieser Weise zu mir gesprochen. Doch es gab für mich ein Geheimnis zu bewahren, das mich von meinen Freundinnen im Dorf trennen sollte.

In jenen Tagen, als im Dorf Gerüchte von Metzeleien der Roten Armee jenseits der Oder kursierten, breitete sich lähmendes Entsetzen aus. Da geschah es, daß meine Mutter mir erklärte, ich brauchte keine Angst zu haben: unser Haus wäre geschützt, mein Vater sei mit dem russischen Schriftsteller Ilja Ehrenburg befreundet, seit er 1927 in einem Film nach Ehrenburgs Roman ›Die Liebe der Jeanne Ney‹ mitgewirkt hatte. Und tatsächlich erlebte ich im Frühling 1945, wie sich die Bajonette der Russen vor aufgeschlagenen Büchern senkten und sich eine Gasse bildete, um die Familie und alle, die sich meinem Vater angeschlossen hatten, durchzulassen.

Manchmal denke ich an die Freundinnen von damals, die nur allzu bereit waren, meine Freundinnen zu werden, wann immer sich dazu die Möglichkeit bot. Ich konnte ihnen das nicht einmal übelnehmen. Wo das Bett gleichzeitig der Ofen war, aus dem man Mittags den Topf mit den Kartoffeln herausnahm, wo die eigene Toilette, das Holzhäuschen im Freien, einen Luxusgegenstand darstellte, hatten sie nur eines: Ihren Haß auf alle die, die anders waren oder mehr besaßen.

Ich hatte Glück: In Berlin sollte die Schule im Herbst 1945 beginnen, und im November zog meine Familie nach Berlin zurück. »In diesem Welttheater«, wie es mein Vater zu bezeichnen pflegte, »sind wir noch einmal davongekommen.«

Christa Reinig

»Ich erleichterte den Ärzten die Arbeit, indem ich ihnen Lieder vorsang. ›Am Weihnachtsbaume, da hägt 'ne Pflaume‹. Den Ärzten gefiel es sehr, aber meine erwachsenen Begleiter schämten sich meiner. Oft mußten sie sich meiner schämen.«

Ich bin ein Wunschkind, und ich sollte ein Mädchen werden. Jedenfalls hat mir meine Mutter das von Zeit zu Zeit erzählt: »Ich wollte dich haben, und ich habe so sehr gewünscht, daß du ein Mädchen werden würdest. Darum bist du eben ein Mädchen. Sonst wärst du ein Junge geworden.«Ich erinnere mich daran, daß ich ihr nicht ganz glaubte. Wo gab es eine unverheiratete Frau, die sich ein uneheliches Kind wünschte und noch dazu ein Mädchen. Aber ich fühlte mit geschmeichelt und war ihr für diese Worte dankbar.

Eine andere Geschichte, die mir meine Mutter erzählte, ging so: »Und als du noch nicht geboren warst, da kam die Mutter deines Vaters zu mir und sagte: ›Wenn Sie meinen Sohn heiraten, dann zahle ich Ihnen monatlich so-und-so-viel-Geld.‹ – Und da hab ich ihr gesagt: ›Ich werde genug damit zu tun haben, ein Kind zu ernähren, ich will nicht auch noch einen Mann ernähren müssen.‹ Ja, das habe ich ihr gesagt, lieber zehn Kinder als einen Mann.« Es gab noch ähnliche Geschichten dieser Art.

Ich weiß nicht, wann ich meinen Vater zum ersten Mal wahrgenommen habe. Einmal stand er vor unserer Haustür, ohne sich bemerkbar zu machen. Er stand einfach da und sah mich an. Meine Mutter wollte nicht, daß ich etwas mit ihm zu tun hatte. Aber meine Mutter wollte auch, daß ich zu allen Menschen höflich und hilfsbereit sein sollte. Was sollte ich tun? Und wie sollte ich ihn anreden? Meine Mutter nannte ihn: »der Reimers«.Der gestrenge Herr auf dem Jugendamt sagte, während er in meinen Akten blätterte: »Der Zeuger des Kindes.« Ich ging auf ihn zu, streckte ihm meine Hand hin und sagte: »Tag, Karl!« Und dann gingen wir ins Kino. Meine Mutter gewöhnte sich daran, daß er mich besuchte. Sie begrüßte ihn freundlich und behandelte ihn von oben herab. Sie schien nichts gegen ihn zu haben außer dem einen, daß er einen kleinen, bescheidenen Anteil an mir nahm: mich ab und zu sehen zu dürfen. Sie teilte es ihm zu.

Am Bahnhof Friedrichstraße neben dem Theater am Schiffbauerdamm gab es eine gewaltige Lichtreklame, die mich sehr viel mehr beeindruckte als die Stummfilme, die ich in den Jugendvorstellungen mitbekam. Ich ging viele Abende hinüber, stellte mich auf die Weidendammer Brücke und ließ mich von dem magischen Spiel der tausend Glühbirnen fesseln. Zuerst erschien eine Waschschüssel. Dann floß aus einem Wasserhahn Wasser hinein. Dann wurde aus einem Persilpaket Pulver geschüttet. Dann kam ein schmutziges Hemd. Es verschwand in der Waschschüssel. Dann bildete sich Schaum, Schaum und mehr Schaum. Die ganze Häuserwand schäumte über. Dann wurde es erst richtig spannend. Es folgten geheimnisvolle Zahlen. Eine 3, eine 5, eine 8, eine 9. Dann stieg das Hemd weiß und siegreich aus der Waschschüssel zum schwarzen Nachthimmel empor. Dann erloschen alle Lichter. Einen Augenblick war es ganz dunkel. Dann wurde es wieder hell, und ich buchstabierte den Rätselspruch: »Persil bleibt Persil«. Ich stand und wartete, und dann ging das Ganze vor vorn los.

Dann mußte ich ja doch einmal weitergehen. Am anderen Abend war ich wieder da. Viele Abende und vielleicht mehr als hundertmal habe ich diese herrliche Verzauberung genossen. Aber eine Wäscherin bin ich nicht geworden.

Meine Mutter, die mir so viel freien Willen ließ, hatte unerschütterliche Vorurteile. Zum Beispiel: Ein Mädchen muß im Haushalt helfen. Immer wieder versuchte sie es mit mir. Einmal hatte ich wie üblich versagt und den Besen nicht richtig angefaßt. Da hatte sie eine Idee. Sie lieh sich von einer Nachbarin die Tochter aus, die hieß Dorchen und war nur ein Jahr älter als ich und konnte alles, was ein Mädchen können muß. Sie war die richtige Tochter. Dorchen traf bei uns ein und begann zu fegen. Von dem Lob der Mutter angespornt, ging sie von einem Haushaltsgerät zum anderen über und war bereits in der Küche angekommen, wo sie nach Frauenüblichkeit herumwirtschaftete. Ich war von Neid zerfressen und wollte mit Dorchen konkurrieren. Ich ergriff eine Kartoffel und ein Kartoffelschälmesser. Aber es funktionierte nicht. Die Frauen brachen in laute Klagerufe aus, darüber, daß es mir nicht einmal gelang, eine Kartoffel zu schälen. Ich warf das Messer und die Kartoffel von mir, und meine Mutter verzweifelte daran, mir die Künste in Hausarbeit zu vermitteln. Sie ließ mich in Ruhe.

Um ein Haar hätten mich die beiden Mütter geschafft. Sie hatten genau richtig gezielt: in meinen Ehrgeiz, meinen Neid, meinen Dorchen-Haß. Aber sie hatten übersehen, daß ich Linkshänderin war. Ich hielt die Kartoffel in der rechten und das Messer in der linken Hand. Und das ging schief. Hätten sie mir ein anderes Messer gegeben oder einfach die Geräte umgetauscht: mir die Kartoffel in die linke und das Messer in die rechte Hand gegeben, dann wären, auf welche Weise auch immer, von der Kartoffel einige Schalen abgegangen, und mein Leben hätte einen anderen Verlauf genommen.

Wir wohnten in der Johannisstraße, und unsere allernächsten Nachbarn waren die Ärzte einer Kinderklinik. Da war ich denn bald Stammgast. Unglaublich, was für Möglichkeiten es gab, mich den Ärzten auszuliefern. Nach der Karteikarte hatte ich sogar zweimal die Masern und wurde bei Bekannten rumgereicht als das interessanteste Kind, das zweimal die Masern hatte. Ein andermal hatte ich mir eine Nadel in den Arm gerannt, und »die Nadel war schon ganz schwarz«, als die Ärzte sie mir herauszogen.

Und wieder ein anderes Mal war ich so gegen die Hauskante gestoßen, daß das Blut von meiner Stirn tropfte. Ich erleichterte den Ärzten die Arbeit, indem ich ihnen Lieder vorsang: ›Am Weihnachtsbaume, da hängt 'ne Flaume‹. Den Ärzten gefiel es sehr, aber meine erwachsenen Begleiter schämten sich meiner. Oft mußten sie sich meiner schämen.

Einmal kam ich wieder aus der Klinik zurück, räumte meine Bauklötze beiseite und fand meine weggeworfenen Puppen, die mir plötzlich sehr wichtig geworden waren. Ich zog sie nackend aus und wickelte Taschentücher um ihre Ärmchen und Beinchen. Mehrere Erwachsene umstanden mich und lobten mich: »Das wird mal 'ne gute Krankenschwester.« Ich fühlte mich mißverstanden. Ich hatte gar nicht Krankenschwester gespielt. Ich hatte Arzt gespielt. Wie sollte ich das den Erwachsenen beibringen? Ich zog mein Röckchen hoch und stopfte es in den Schlüpfer. Nun hatte ich Hosen an und war ein Arzt. Aber die Erwachsenen verstanden nicht, worum es mir ging. Sie schrien entsetzt auf, und ich begriff, daß ich etwas ungeheuer Unanständiges begangen hatte, noch schlimmer als die Flaume am Weihnachtsbaume. Das befeuerte mich. Immer, wenn die Situation feierlich wurde und ich fremden Leuten die Hand geben sollte, begann ich vor aller Leute Augen die Schlüpfer über den Rock zu ziehen.

Meine Mutter brach seelisch zusammen und erklärte: »Sie ist ja doch ein Junge«. Dieses Wort war ein Freischein für alle Gelegenheiten. Ich wurde zu den Jungen getan und brauchte nicht mit Puppen zu spielen, sondern durfte Eisenbahnen und Autos anfassen, was richtigen Mädchen nicht erlaubt war.

Im Zusammenhang mit meinen merkwürdigen Sitten und Gebräuchen wurde die Geschichte eines Jungen erzählt, der das absolute Gegenteil von mir war, nämlich ein Mädchen. »Stellen Sie sich vor«, ein Junge, der danach verlangte, mit Puppen zu spielen und auf einer Kindernähmaschine Puppenkleidchen nähte. Er hieß Fritz Mischke und wohnte im Haus meiner Großeltern. Ich hätte ihn gern kennengelernt. Aber aus irgend einem Grund bin ich ihm nie begegnet. In unserem Haus wohnte eine Bardame, die selbst keine Kinder hatte und die Kinder unseres Hauses abgöttisch liebte. Sie gab uns ihre Wohnungsschlüssel, und wir tobten in ihrer Wohnung herum, wie wir wollten. Wenn sie nicht da war, schlichen wir von einem Zimmer zum anderen und betrachteten die Dinge, die wir für verbotene Dinge hielten, zum Beispiel das zweischläfrige Ehebett. Obwohl die meisten Kinder aus Familien kamen, in denen es gar keine zweischläfrigen Ehebetten gab, sondern drei oder mehr Personen in einem solchen Bette schliefen oder die Eheleute in einem einzigen schmalen Bett lagen, kannten wir genau die Funktion dieses Bettes. Günter, mein Spielgefährte, erzählte mir kichernd eine ganz gemeine Geschichte: Frau Müller, die Bardame, schlief gar nicht mit ihrem Ehemann in diesem Bett, sondern mit ihren »Kunden«. Dann zeigte mir Günter die Dienstbotenkammer, da stand ein ganz gewöhnliches schmales Bett. »Hier schläft Herr Müller«, verriet er mir.

Das Haus, in dem wir wohnten, war eigentlich ein Haus stiller und vornehmer Leute, die ich kaum zu Gesicht bekam. Es gab einen kleinen Hof und einen Garten, und die sozialen Absteiger wohnten im Gartenhaus. Im Hof und im Garten spielte Günter sein einsames Indianerspiel. Er hatte eine Federhaube auf dem Kopf, Federbuschen an den Ellenbogen, Schild und Tomahawk und ausgefranste Hosen. Und ich sah zu. Frau Müller schaute aus dem Fenster und sah meinen wortlosen Schmerz. Sie kam heraus und rief Günter zu sich. Sie überredete ihn dazu, auf die Hälfte seines Federschmuckes zu verzichten. Günter streifte die Federn von seinen Ellenbogen ab. Sie hatten einen Gummizug, und Frau Müller stülpte mir die Federn über den Kopf. Nun war ich auch Indianer und war selig.

Als ich mich müde gespielt hatte und genügend hungrig war, gab ich Günter sein Eigentum zurück und trat in unsere Wohnung ein. Da hatte ich den Eindruck, als hätte meine Mutter hinter der Tür auf mich gelauert. Sie fiel von hinten über mich her und »versohlte mich mit einem Latschen«. Es war für mich wie ein Weltuntergang. »Du – sollst – nicht – zu – Frau – Müller – in – die – Wohnung – gehen. (Ich war gar nicht in ihrer Wohnung.) »Du – sollst – nicht – mit – Frau – Müller – reden.« (Warum denn nicht?) »Und – ich – habe – dich – gerufen – und – du – hast – nicht – gehört.« Und Schlag auf Schlag. Dann saßen wir miteinander verkracht über dem Essen. Es gab Makkaroni mit Käse bestreut. Und die Puppenküche war auch verschwunden. Meine Mutter sagte traurig: »Die hat der Weihnachtsmann abgeholt, und ich weiß nicht, ob er sie dir wiederbringt.«

Zwei zufällige Ereignisse, daß die Puppenküche zur Reparatur gebracht war und daß ich nicht gehorcht hatte, brachte sie aus pädagogischen Gründen in ein Kausalverhältnis.

Später, als wir uns gegenseitig verziehen hatten, erzählte mir meine Mutter, daß eine Dame vom Jugendamt überraschend aufgetaucht sei und eine Stichprobe gemacht hatte, ob ich bei meiner Mutter auch in guten Händen war. Ich hatte in dem stolzesten Augenblick meines Lebens auf die Rufe meiner Mutter gar nicht geachtet. Ich war kein gehorsames Kind, und eine Untersuchung des Falles hätte ergeben, daß ich Umgang mit einer Prostituierten hatte. Tatsächlich war ich in schlimmer Gefahr gewesen. Das Jugendamt konnte mich meiner Mutter wegnehmen und in eine Erziehungsanstalt bringen. Ich hatte einen solchen Schock bekommen, daß Makkaroni mit Käse bestreut, Indianer und Frau Müller zu einer hohen und heiligen Trinität zusammenschmolzen.

Einen Mann hat meine Mutter geliebt. Er war ein wohlhabender Holländer und wohnte bei uns in einer Kellerwohnung in Untermiete. Das hätte er nicht nötig gehabt. Er hat meine Mutter wohl auch geliebt. Sie sollte mit ihm nach Holland ziehen. Sie würden miteinander ein Geschäft aufbauen. Meine Mutter sollte die Schinderei von Zeitungsaustragen und Treppenreinigung an den Nagel hängen und mit ihm glücklich werden. Aber eine Bedingung stellte er: Ich sollte nicht mitkommen. Mich konnte er nicht leiden. Meine Mutter verzichtete auf die große Liebe ihres Lebens mit eventueller späterer Heirat. Sie blieb Putzfrau, und sie blieb bei mir.

Eines Nachmittags war meine Mutter zum Austragen von Zeitungen fortgegangen und hatte mich mit »Herry« allein gelassen. Herry spielte mit mir, erzählte mir Märchen, und als ich danach verlangte, setzte er mich auf den Topf. Als ich fertig war, machte er sein eigenes Pipi dazu. Ich schaute interessiert zu. Das gefiel ihm, und er drückte mir das große Ding in die Hände und ließ sich von mir onanieren. Während des Krieges kam er noch einmal nach Deutschland und wohnte wieder bei uns. Sie waren zwei Jahre lang ein fast glückliches Paar. Es gab nur ein Problem. Das war ich. Meine Mutter beklagte sich: »Warum bist du so niederträchtig zu Herry, kannst du ihn nicht ein bißchen leiden?« Ich war inzwischen 16 Jahre alt und begann mein eigenes Leben zu leben. Ich hatte viele Probleme. Eines davon war Herry. Konnte er sich erinnern? War das der richtige Mann für meine Mutter? Ich beschloß den Mund zu halten und ekelte Herry aus der Familie heraus.

Als ich fünf Jahre alt war, zogen wir in die Ackerstraße um. Damit begann für mich ein anderes Leben. In der Johannisstraße war ich ein Kellerkind gewesen, und alle anderen Kinder waren was Besseres als ich, und es gab schmerzliche Erlebnisse, in denen sie das zum Ausdruck brachten. In der Ackerstraße waren alle Kinder meinesgleichen, und das erste, was sie taten, war, daß sie über mich herfielen und mich verhauten. Das hatten die vornehmen Kinder nie getan. Als ich gelernt hatte, zurückzuschlagen, erzählten sie mir, wieviel Spaß es ihnen gemacht hatte, wenn ich nach jedem Knuff in Tränen ausgebrochen war.

Zu meinen Erinnerungen in der Ackerstraße gehörte eine Schlacht zwischen zwei Kinderbanden. Es kam darauf an, daß alle Kinder ungeheuer schnell rennen mußten. Ich war viel zu klein, um den Feinden entkommen zu können. Ein großes Mädchen packte mich unter den Armen fest und preßte mich an ihren Bauch. So wurde ich überallhin mitgeschleppt.

Dann wurde ich in einen Lastwagen hineingeworfen. Alle kleinen Kinder, die nicht rennen und nicht schlagen konnten, duckten sich in diesem Lastwagen und krochen zusammen. Plötzlich wurde in die Zeltplane, mit der der Wagen zugedeckt war, eine blanke Säbelklinge hineingestoßen. All das Knallen der harmlosen Platzpatronen hatte mich aufgeregt. Aber diese echte Säbelklinge, die ein Soldatensohn sich von seinem Vater ausgeliehen hatte, und die nur aus Verse-

hen daneben gegangen war, beunruhigte mich überhaupt nicht. Zum Zeichen, daß wir uns nicht fürchteten, stießen wir ein Hohngebrülle aus.

Dies alles geschah in einer Zeit, als ich noch nicht zur Schule ging. Als es dann soweit war, daß ich in einer Mädchenschule zu einem richtigen Mädchen gemacht werden sollte, war es zu spät. Ich war von Grund auf verdorben.

Ginka Steinwachs

»Einmal auf der Bahn des gespritzten Platzes bin ich ganz Schweben, Gleiten, Bewegung für alles, was nicht Bewegung ist, wie ausgelöscht, zeit- und willenlos. Und jeden Abend der gleiche Stoßseufzer: nur kein Tauwetter, kein Tauwetter.«

Ein herz von stein muss bei deinem anblick zu wachs zerschmelzen, sagt die oberschwester hildegard in der gynäkologischen abteilung der GÖTTINGER UNIVERSITÄTSklinik zu meiner mutter hildegard und reicht einer wöchnerin ihr baby in die kissen. gerade ist krieg. krieg in europa. zweiter weltkrieg. der kanonendonner macht auch vor GÖTTINGEN nicht halt. stimmungsmäßig, je nach frontberichten, schwanken die kinderwiegen. und dann wird statt milch ein pulver verabreicht, und dann geht das pulver aus und – und – und.

ganzmund. ein fotoblitz. EINS, ZWEI, DREI, IM SAUSESCHRITT/LÄUFT DIE ZEIT./WIR LAUFEN MIT.

kindergeburtstag. wieder ist der eichentisch im eßzimmer ausgezogen. sammeltassen, oder sind es porzellanschalen aus großmutters service?, schwappen zum leidwesen der hausbesorgerinnen über. heiße schokolade klebt auf weißem damast. kindergeburtstag. sind es die vierzig oder mehr oder weniger kameraden und kameradinnen aus meiner klasse in der ALBANIschule? oder sind es die dreißig kameradinnen aus der klasse 5 a im gymnasium für mädchen? buttercremetorten und schlagsahne versetzen die hausmädchen in alarmbereitschaft. ich weiß es nicht. die üblichen katastrophen.

ganzmund hat nicht als einzige den mund verschmiert.

und sie packt sich den teller voll und genießt im geschwindigkeitsrausch anders als die cousine helga, ein hübsches kind, mit seinem krönchen auf dem kopf, die wenig ißt und fast hochbeinig kaut, oder soll ich sagen hochzähnig? ganzmund gestaltet den kontakt zwischen milchzahnkaufläche und speisebrei so eng und so breit wie irgend möglich, während jene ihn flieht.

brotesser = professor. ginka denkt männlich. denken ist männlich. reines und angewandtes denken sind männlich. fühlen und begaffen dagegen bleiben an der weiblichen grenze zurück. die weltliche grenze ist naturgegeben. sie kommt nicht umhin, kann innerhalb eines logischen zirkelschlusses nicht anders, wenn, dann.

brotfresser = professoren. der großvater ist professor. er kam als solcher zur welt.

der onkel ist privatdozent und wird professor werden. der vater promoviert und wird assistent werden, sobald der krieg vorüber ist.

ein göttinger ordinarius wohnt um 1950 im ostviertel. im ostviertel stehen villen aus der kaiserzeit. ihre hat einen schloßturm und eine wendeltreppe, gartenhäuser und einen pferdestall (gehabt). früher einmal soll das grundstück hainholzweg 38 den ganzen rasenweg lang und breit bis zur calsowstraße gereicht haben. ihre hat ein schmiedeeisernes gatter, eine haustür mit der aufschrift THÜR ZU!, einen wintergarten, eine veranda mit säulchen im italienischen stil, und eine laube. wir kinder sitzen inzwischen zu fünft bei den hauptmahlzeiten am fußende der tafel am katzentisch. »kackvögel, finger vorzeigen!« doch ich wollte vom gewicht der türen sprechen.

ich für mein teil hänge am gewicht der tür. wie oft bekomme ich als kind die tür nicht auf. ihr gewicht ist dagegen. wie lange mußte ich als erwachsene nicht nach solcher PORTE BATTANTE im surréalistischen sinne des wortes, nein, mit den fingerspitzen nicht, noch mit der ganzen hand, sondern mit dem gespannten ellenbogen suchen. freilich: der wunsch nach dem gewicht der tür entspricht weder dem reinen noch dem angewandten gedanken, sondern dem fühlen und begehren an der weiblichen grenze. und damit ist es heraus: ich ein mädchen gehöre ins lager frau.

cäsars gallien war dreigegliedert, ginkas garten der lüste weist dagegen vier einzugsbereiche auf. ein teil sandkasten unter der klettereibe neben der teppichstange – die seligen zeiten des kuchenbackens liegen hinter ihr, böse buben im baumhaus lauern über ihr –, solange bis die hausgehilfin kommt und diese mit dem teppichklopfer von ihrem luftigen ausguck verscheucht.

organisch mit dem sandkasten verbunden ist der wäschegang. dieser ist rein weibliches gebiet. der holunderbaum mit blüten und früchten weiß zu gegebener zeit sein lied davon zu singen. hier werden die röcke hochgeschürzt und die, zum teil langen unterhosen heruntergelassen. hier geht die ganze schar mädchen auf kommando in die knie.

was soll der lärm? geht um die heilige mittagszeit aus heiterem himmel eine lawine nieder? hand in hand, so rast eine ganze bande mädchen auf rollschuhen über die steinplatten um die kurve. der weg ist leicht abfällig, nimmt bei der haustür seinen anfang und geht an der mülltonne vor dem gartengatter, für diejenigen, die in vollen schwung dagegen anprallen, wenig harmonisch zu ende. der haushund PINO vorneweg, der haushund PINO hinterher. PINO am rand und PINO in der mitte. und das rollen geschieht nicht einmal, zweimal, sondern hundertmal, solange unverdrossen, bis aus mehreren haustüren zugleich unerbittlich allerletztmalig zum abendbrot gerufen wird. ›ins hückelchen‹, ›rückwärts‹, ›zu zweit‹, ›zu dritt‹, ›in der schlange‹, ginka kommandiert, fährt vor und ab geht die fahrt.

wie lahm ist dagegen, um das beet mit feuerlilien herum, die puppenspielwiese, auf der sich ein hausstand aus der vertikalen in die horizontale ausbreiten kann. und drei tannentanten spenden schatten. und die ligusterblüten duften verführerisch.

ein teil laube, weinumrankt mit einer rebenschaukel. du läufst im schutz des blätterwerkes auf der mauer entlang, eine hand zur absicherung am rasenwegschildpfosten, und lauerst vorübergehenden personen auf, bevorzugt mitgliedern aus dem lehrerstande, später auch den mittelball- und abschlußballherren mit namen wie walter und klaus und so. wenn die luft rein ist, dann hältst du die rebenschaukel besetzt und liest kleists PENTHESILEA: halb FURIE, halb GRAZIE, wieder und wieder kleists PENTHESILEA, und zwar aus deren fünf gesichtern: HUND, KRIEGERIN, AMAZONE, JUNGFRAU, Königin das dritte, das deine, heraus. du bist gerade erst dreizehn geworden, und das drama ist schon zerfleddert. oder du führst auf einem weißen block der schreibwarenhandlung köhler unter der albanikirche unter der ALBANIschule auch selbst ein theaterstück auf eine altgriechische szenerie. götter und helden, die im kampfe mit dem schicksal siegen oder unterliegen. kein trauerspiel im bürgerlichen sinn, sondern eine HAUPT- UND STAATSAKTION, blutrot.

WELCHES WESEN UNTER DER SONNE
IST AM MORGEN SEINES LEBENS VIERBEINIG
AM MITTAG ZWEIBEINIG
UND AM ABEND DREIBEINIG?

herr doktor schlüsselroman antwortet, mit seinem schmächtigen leib auf den stock gestützt, auf den dritten teil des rätsels der sphinx. ich sehe ihn, immer um die gleiche zeit vermutlich – er ist ein mann von prinzipien – mit einem beutel in der hand für seine frau doktor schlüsselroman und sich einholen. die beiden alten sind aus dem osten vertrieben. er muß in seiner bibliothek ›drüben‹ sein ein und alles verloren haben.

EX LIBRIS DR. SCHNEIDER.

guten tag, herr doktor.
guten morgen, ginka.
großmutter hat gesagt, ich sollte ihnen den beutel tragen helfen.
fi, fi, donc!
haben sie eingekauft?

ja, eine frugale mahlzeit. und wohin rast mein sausewind?

zu den pfdfndrn (pfadfindern, durch nuscheln unverständlich). in die hrmnlre (harmonielehre, durch nuscheln unverständlich). zum BUSCH-BALLETT (frei heraus).

mein liebes fräulein, darf ichs wagen, milch und brot und käse in diesem beutel da ihr anzutragen? nein, so wahr dieser dialog um 1950 auf dem göttinger hainholzweg wirklich gehalten worden ist, maschinengeschrieben oder gar gedruckt sehe ich ihn nicht vor mir, sondern transponiert in eine zitterige sütterlinschrift, der die alte aufrechte linienführung des gelehrten und privatgelehrten noch anzumerken ist. und zwar auf einem großen bogen papier, der den beschriebenen raum wie ein überweiter anzug den engen leib umflattert, und der – mehrfach gefaltet: EDEL SEI DER MENSCH HILFREICH UND GUT! – einem meiner poesiealben noch jetzt einliegen mag. überhaupt – die bogen müssen voller anspielungen auf die literatur außerhalb meiner kleinen welt gewesen sein . . .

die bogen müssen voller anspielungen auf die literatur noch außerhalb meiner kleinen welt gewesen sein. ein gedicht lesen, ohne seinen sinn zu verstehen! herr doktor schneider hatte ein dickes buch über justinus kerners ›aus meiner knabenzeit‹ mit der person des dichters holder und ein noch viel dickeres buch über das problem des schlüsselromans im besonderen und überhaupt geschrieben, eine art universalgeschichte des schlüsselromans, welche gehabte weite des blicks sich jedem zoll seines dahinwelkenden leibes eingeprägt hatte, auch und gerade, wenn profane personen wie der milchhändler, herr kasperzack und frau bäcker revermann diese schriftzeichen eingravierter würde nicht zu lesen verstunden.

lieber herr doktor schlüsselroman, und damit sie es nur wissen, ich schreibe jetzt auch romane, und manche bedürfen einer entschlüsselung durch interpreten wie sie durchaus.

sie ist immer gerne zur schule gegangen. zehn vor acht bis fünf nach eins. zehn-uhr-pause, große pause, zwölf-uhr-pause. in die ALBANIschule unter der ALBANIKIRCHE UNTER DEM SCHWÄNCHENFEUERLÖSCHTEICH ZU FRAU WÖLZ, INS GYMNASIUM FÜR MÄDCHEN AM FRIEDLÄNDERWEG ZU OBERSTUDIENRÄTIN MARGARETE WINTER.

MARGARETE WINTER ist und war ganz stimme. (ein sitz der seele, wie die thomisten sagen.) sie trägt und trug eine nach hinten zurückgeschlagene frisur, um das gesicht für die sicht freizuhaben. eine sicht, die tendenziell auch immer mit einsicht gleichbedeutet.

auf den korridoren des schulgebäudes hat margarete winter einen fast schwebenden – der metriker mit beobachtungsgabe würde sagen – skandierten gang, den das überwiegend feste schuhwerk in rhythmischem gegengewicht zu halten anstrengen macht. GEHEN IN ÄQUIVALENZEN.

ihre lieblingsfarben sind gedeckt. vor diesem hintergrund gewinnt die LYRIKINTERPRETATION allererst das strahlen. – gedichte lerne ich auswendig – ist inwendig. die PROSA DER WIRKLICHKEIT wurde meiner lehrerin – und dieser gefahr läßt sich steuern – zum GEDICHT.

über das gedicht – und des möchte für die zehnjährige durchaus auch ein protestantisches kirchenlied gewesen sein – als brücke vom katheder zur schulbank herunter, sind wir uns denn auch begegnet. ich erinnere mich an einen geburtstagskalender aus durchlochten postkarten aller meiner klassenkameradinnen, den ich verwaltet habe. ich erinnere mich an sitzungen im schülerrat. ich erinnere mich an die eine deutschstunde, wo es zwecks erklärung möglichst vieler kommaregeln an einem einzigen syntaktischen beispiel um einen bandwurmlangen hypotaktischen satzbau ging. scharfes nachdenken, und dann kommt mein satz, beginnend mit: ›DER ELEFANT AUS DEM ZELT VON ZIRKUS KRONE, WELCHER IM STALL ZWAR KEINE, ABER DAFÜR IN DER VORSTELLUNG, NACHMITTAGS- UND ABENDVORSTELLUNG WOHLGEMERKT, WEISSE PANTOFFELN ANHAT, ERHEBT SICH, DIE HINTERBEINE AUF DEN SÄGESPÄNEN DER MANEGE, GEGEN DEN BODEN DES SCHÜTZENPLATZES ABGESTÜTZT, DEN RÜSSEL NACH OBEN GEBOGEN, MIT DEN VORDERBEINEN IN DIE LUFT, SOLCHERMASSEN, DASS DIESE DIE SILBRICHTE SCHAUKEL EINES AKROBATEN FAST STREIFEN‹ und so weiter fort, bis zum schluß, an die tafel.

ich entsinne mich: ich habe in der schule und nebenher einen traulich-zutraulichen briefwechsel in versen: dreifüßig, vierfüßig, jambisch, trochäisch mit ihr gepflogen.

»KUNST KOMMT EBEN NICHT VON KÖNNEN, SONDERN VON MÜSSEN«, sagt arnold schönberg. wohl. wie aber hätte ich es, ohne die beizeiten erfolgte stimmung der saiten meiner lyra durch sie je gedurft? frau organdy bekommt die singernähmaschine von marlis, so heißt eine der letzten »perlen«, an hausschneidertagen parallel zum klavier an eines der beiden nach westen gelegenen fenster des wohnzimmers gerückt. da ist kein gespräch möglich, wenn die singer rattert. nur ein singsang stimmt dazu und die fingerübungen am klavier meiner schwester anna-amosch-müscher-miepe-ter-miekater kommen dagegen an.

frau organdy breitet den stoff aus, legt ihn in falten, läßt das rädchen rollen, das bestimmt ist, löcher in die für die heftnaht vorgesehene fadenlinie einzurollen. denn die paßform muß stimmen.

am liebsten mag ich gepunktete kleider, am liebsten von ihr, die in den besten jahren, – zierliches äußeres, trockene dunkle locken am kopfe, brille, faltige haut und knöchrige finger – keinen anderen lebensinhalt zu haben scheint als den, für geld und gute worte, – denn auch an letzteren fehlt es ihr nirgendwo – die kinder und kindeskinder von kunden und bekannten, je nach jahreszeit, saisonbedingt warm oder luftig gut einzukleiden.

wie oft und wie inständig ist die anziehprozedur durch die großmutter unter der oberaufsicht der standuhr allmorgendlich verwünscht worden. die berühmten hundert bürstenstriche täglich. das leibchen, das hinten geschnürt wird, so wie die stiefel vorne. die fummelei.

wie anders ich mich dagegen frau organdy gebe, um nicht zu sagen, hingebe, bei anproben, die jener verheißung gelten: denn sommer/winterkleid – welche jahreszeit gerade bevorstand – der neuen haut. selten oder nie verraten unsere mienen anderes als tiefes einverständnis. denn frau organdy, mit bürgerlichem namen körting, erwidert meine neigung ehrlich.

sie stellt diese erwiderung auch unter beweis: in dem kleidungsstück, das ihr aus den untiefen meiner sehnsucht heraus, den beinamen verliehen hat: einem weißen organdykleid mit roten punktchen.

dieses kleid ist über alle sprache federleicht. es spottet der gravitation, zieht nicht – wie die lästigen strickkleider tun – nach unten, sondern hebt gewissermaßen empor: empor, empor endlos. anders gesagt: es hat kein, sondern nimmt dafür gewicht. (punkt für punkt ein kontrapunkt zum gewicht der türen).

und da spielt keine rolle, ob es nun mit flügelärmeln oder mit großer, auf dem rücken zu bindender schleife, mit gekräuseltem saum oder mit gesmokter brust ausgefallen ist. keine rolle. es ist für mich im nachhinein der sommer selber, das spiel mit barbara heisenberg im verbotenen hintergarten an papas ententeich. A B C, die katze fiel in schnee. 15 grad celsius minus. kernfest und auf die dauer dräut draußen der winter. wir schlafen bei offenem fenster. das schlafzimmer ist nach norden gelegen.

»schweben, gleiten«, wie oft habe ich schweben, gleiten als kind wörtlich geträumt. es ist dies wortwörtlich mein kinderwintertraum. der traum als kür zum johann-strauss-kaiserwalzer auf dem eis. in der wirklichkeit des gespritzten göttinger tennisplatzes ist es mit halbbogen, achten und dreiern mehr die pflicht gewesen.

»rechtes bein«, »linkes bein«, »dreiersprung«. »rechte drei«, »rückwärtes übersetzen«, »einfacher rittberger«. »ansetzen zur pirouette auf zwei beinen«, »auf einem bein«, »auf der spitze der kufen aus vollem tempo«, »aus dem stand«. und das alles bitteschön auf einer eisfläche, auf welcher überwiegend der balgerei, dem eisschnellauf und – im schreckensfall – dem hockeyspiel gehuldigt werden.

einmal auf der bahn des gespritzten platzes bin ich – ganz schweben, gleiten, bewegung – für alles, was nicht bewegung ist, wie ausgelöscht, zeit- und willenlos. jede figur hinterläßt eine spur. ich kann mich von der ziselierten fläche nicht

trennen. jeder schritt eingeritzt wie ein schriftzeichen in den kristallklaren untergrund. und jeden abend der gleiche stoßseufzer: alles, was unrecht ist, lieber gott, eine lateinvier, ein spinatessen, nur kein tauwetter, kein tauwetter.

nachts gehen die kinder unter vierzehn heim und dafür das flutlicht an. ich habe mich am kanonenöfchen des platzwartes aufgewärmt in erwartung von mama. und sie kommt, sieht und siegt. mama ist den eislaufenden herren doctores und professores aus der alten schule eine begehrte, eine strahlende partnerin. »WEANER BLUT ..., WEANER BLUT«, mama, die bei der olympiade von 1936 in berlin mitgestartet ist, kann nicht jedem zusagen. ich bin bereit für jeden alten herrn zu schwärmen, von dem ich eine figur abgucken oder einen neuen schritt erlernen kann.

und so geht es bis neujahr, jedes jahr.

und bis zu den heiligen drei königen, jedes jahr. und wenn das jahr gut ist, dann geht es bis zu müschers geburtstag am 23. februar so. und noch heute laufe ich getrost schlittschuh

beim ersten frost.

Hedi Wyss

»Ich war kein charmantes kleines Mädchen. Ich riß Haare büschelweise aus und brauchte mein Sprungseil als Waffe, und solches Benehmen hatte auch beinah lebensentscheidende Konsequenzen für mich.«

Ich als kleines Mädchen – das bedeutet Rückblick, Sammeln von Erinnerungen, Bildern – den eigenen und denen, die über andere Menschen wieder zu mir zurückgekommen sind. Aber sind es nur Erinnerungen? Das Wichtigste an mir, glaube ich, ist, daß ich auf irgendeine Weise noch immer das kleine Mädchen von damals bin. Nur als Erwachsene verkleidet. Mein Körper hat sich verändert, meine Art, die Welt zu sehen, zu fühlen, nicht. Bis auf eine gewisse Unempfindlichkeit, die ich mir mühsam erworben habe und die mich sehr oft auch wieder im Stich läßt. Ich spiele das Spiel der Erwachsenen mit, aber ich habe das Gefühl, ich könnte jederzeit wieder frei sein, alle Rollen ablegen, auch die, die ich jetzt spiele: die Schriftstellerin, die sich erinnert, weil ihre Jugendzeit villeicht etwas Außergewöhnliches an sich haben könnte.

Ich brauche mich nur ein bißchen zu konzentrieren, und schon bin ich wieder klein. Ein kleines Mädchen im wahrsten Sinne des Wortes war ich. Die Kleinste von drei Geschwistern, die Kleinste in der Klasse über Jahre hinweg. Ich war so klein, daß mir oft nur der Jähzorn blieb. Chronisch die Unterlegene war ich und verteidigte mich deshalb mit Fäusten, Zähnen und Fußtritten gegen Übergriffe, gegen die Erwachsenen, die mich hochhoben, ohne mich zu fragen, gegen die Geschwister, die alles früher und besser konnten als ich, gegen die Jungen, die mich neckten, weil ich das Gesicht voll Sommersprossen hatte und viel zu lange, rötliche Zöpfe. Ich war kein charmantes kleines Mädchen. Ich riß Haare büschelweise aus und brauchte mein Springseil als Waffe, und solches Benehmen hatte auch beinah lebensentscheidende Konsequenzen für mich. Als ich zehn war, empfahl nämlich eine Lehrerin meinen Eltern, mich statt ins Untergymnasium (mit Koedukation) in die Sekundarschule zu stecken, damals noch eine Mädchenschule, die nicht zur Maturität führt. Der Grund: ich würde mich mit Jungen viel zu schlecht vertragen. Meine Eltern folgten der Empfehlung.

Ich war nicht nur körperlich klein, ich komme auch aus

einem kleinen Milieu. Vorstadtmietshauskinder waren wir. Zwischen Schrebergärten auf gekiesten Plätzen spielten wir. An Wäschestangen hingen wir kopfunter, bis wir von den sauberen Leintüchern weggejagt wurden. Das Einfamilienhaus, von dem meine Mutter träumte, kam nie, und die ganze Kinderzeit hindurch waren wilde Sprünge im Treppenhaus und laute Worte in der Wohnung aus Angst vor der Kündigung verpönt.

Aber das mit der Kleinheit stimmt doch auch nicht ganz. Zwar schliefen wir drei Kinder lange aus Platzmangel zusammen in einem Zimmer, und ich mußte die Kleider meiner Schwester nachtragen. Aber wir waren auch verwöhnt. Verwöhnt mit Büchern, mit Bildern, mit Information und geistiger Anregung, mit Reisen ans Meer, als das in unseren Kreisen gar nicht üblich war, mit Musikstunden und Ballettunterricht. Meine Eltern redeten, auch was uns Mädchen betraf, nicht von Heiraten, sondern von unseren künstlerischen Talenten. Und gegenseitig hielten sie sich – wie in dem Stück von Ionesco ›Die Stühle‹ – ihre eigenen verpaßten Chancen, ihr »Was wäre ich wenn« vor. Es gab auf beiden Seiten so eine Art Tradition des vergeblichen Strebens nach Höherem.

Meine Mutter ist die Tochter eines Mundartdichters, der ein bißchen lokalen Ruhm errang, aber dafür seine zehn Kinder von seiner Frau durchfüttern ließ. (Die Werke dieses Großvaters, geprägt von klerikaler Reaktion und Blut-und-Boden-Patriotismus, verstecke ich allerdings beschämt.) Den Putzlappen in der Hand, hat meine Mutter sich oft darüber beklagt, daß sie ohne Ausbildung im Büro gelandet ist und ihren Wissensdurst nicht sillen konnte.

Mein Vater verkaufte Rechenmaschinen, aber der Beruf war ein notwendiges Übel. Als ich geboren wurde, hatte er seine Mal- und Schreibversuche zwar schon weitgehend aufgegeben, aber er ging mit dem Kunstführer auf seine Geschäftsreisen, und wenn er sein Soll erledigt hatte, nahm er sich Zeit zum Lesen, Zeit für uns. Und nachts, wenn wir aufs Klo mußten oder Alpträume hatten und schrien, hat er uns immer geholt und getröstet.

Habe ich also die Auflösung starrer Rollenbilder schon von meinen Eltern vorgelebt bekommen? Zumal mein Vater ja auch meistens das Geschirr wusch, wenn meine Mutter nach dem Essen erschöpft die Zeitung las. Aber während mein Vater mit uns Ausflüge machte und uns mit Wissen fütterte, flickte meine Mutter unsere Kleider, putzte sie die Böden. Vielleicht hat mir meine Mutter Emanzipation vorgelebt. Oder wenigstens die Vorstufe dazu, den Hang, sich aufzulehnen, statt sich zu fügen. Ihre Heirat war schon ein Ausbruch gewesen, die Heirat mit einem viel jüngeren Mann von fremder Konfession.

Die Heirat meiner Mutter war auch ein Ausbruch aus einem ungeliebten Dasein als Bürogehilfin. Als die Ernüchterung folgte, der Haushalt, den sie gewissermaßen als Gegenleistung für Sicherheit und menschliche Wärme versorgen mußte, hat sie von einem weiteren Ausbruch nur manchmal geträumt, ihn aber vor allem uns zuliebe nie richtig erwogen. Drei kleine Kinder in einer Wohnung ohne jeglichen Komfort, das jüngste (ich) geboren, als sie schon vierzig war, das war wahrscheinlich oft zuviel für meine Mutter.

Sie hat ihre Pflicht getan, aber sie hat ihre Töchter nicht zu Hausmütterchen erzogen. Sie hat uns auch gezeigt, daß Gehorsam nicht alles ist, etwa indem sie hinter dem Rücken meines mit den Jahren despotischer werdenden Vaters viel getan hat, was er verbot: Mit über fünfzig Jahren hat sie zum Beispiel heimlich den Führerschein gemacht und Zeit und Geld dazu sich mit List und Lüge verschafft. Das war also ein wichtiges Engramm: das Höhere, die Kunst, die Wissenschaft als Ziel, das man zwar vielleicht nicht erreicht, weil die Umstände widrig sind, vielleicht auch, weil man selbst nicht genügt. Der Ausbruch als etwas Legitimes, auch wenn man ihn nicht wagt und in der Folge (wie mein Vater in späteren Jahren) so pessimistisch wird, daß man die anderen auch davon zurückhält. Mein Gefühl, klein zu sein, nicht ganz zu genügen, ist auch ein Erbe, das mir meine Eltern mitgegeben haben. Es ist so stark, daß ich oft heute noch meinen Erfolgen nicht ganz traue, den Mut verlieren kann, auch wenn es scheinbar vorwärts geht. Ich war klein und nicht hübsch, jedenfalls sah ich nicht so aus wie die Mädchen, die man damals hübsch nannte. Unter meinen Sommersprossen hatte ich zu leiden, meine rötlichen Zöpfe haßte ich und die großen Ohren, von denen meine Mutter zu allem Überfluß noch das Haar in einer Rolle wegkämmte.

Ich war nicht nur ein manchmal schwieriges, nicht sehr charmantes, sondern vielleicht auch ein depressives Kind.

Ich erinnere mich eher an Alpträume, die mich nachts heimsuchten, als an Kinderfeste. Ich erinnere mich an die Angst vor einer Lehrerin, die mit Schlägen erzog und daran, daß ich wünschte, wenn ich einschlief, ich würde tot sein am Morgen, damit ich nicht zur Schule müßte. Ich erinnere mich an die Angst vor dem Krieg – obschon wir ja in der Schweiz nicht viel davon merkten und ich erst fünf war, als er zu Ende ging – und daß ich mir schwor, nach Deutschland zu fahren und Hitler zu erschießen, sobald ich groß genug sein würde.

Ich erinnere mich, wie ich im Kindergarten in der Ecke stand, und mich zu schämen hatte, ohne daß ich so genau wußte, worüber. Wie ich vor Wut schäumte und mir schwor, mich zu rächen. Aus vielen kleinen Begebenheiten dieser Art, aus vielen kleinen Niederlagen muß ich dieses fast bis zum Fanatismus reichende Gerechtigkeitsgefühl entwickelt haben, das mich beseelte. Ich spielte gern und oft mit Puppen, aber wenn ich an meine Zukunft dachte, sah ich mich nicht als Hausfrau, sondern dachte mir aus, wie ich Dinge zurechtrücken könnte, die mir nicht paßten.

Macht erringen wollte ich, König werden oder Präsident und dann den Frieden auf Erden befehlen. Auf Expeditionen wollte ich gehen und denen das Handwerk legen, die die wilden Tiere ausrotteten. Forscherin werden wollte ich und epochemachende Entdeckungen machen, alle Krankheiten und den Tod ausmerzen. Als meine Großmutter starb, muß ich nicht ganz vier gewesen sein. Aber ich kann mich erinnern, daß mir der Gedanke keine Ruhe ließ, man müßte nur das Richtige tun, eine Operation machen vielleicht, um zu erreichen, daß sie wieder lebendig würde.

Ich erinnere mich auch an Einsamkeit, an Verlassenheit, an ein Gefühl der Fremdheit in dieser Welt, in die man mich hineingeboren hatte, in der man mir einen Namen gegeben hatte, ohne mich zu fragen. Wer war ich eigentlich? Ein Waisenkind vielleicht, vor dem man die Wahrheit über seine Herkunft verbarg? Was steckte wirklich hinter all dem, was man mir zeigte und sagte? Wann würde ich die Wahrheit erfahren? Manchmal war mir, ich blicke wie durch ein Fenster in die Welt hinein, ich gehöre nicht dazu, die Gesetze, die Vorschriften, die Bezeichnungen gälten nicht für mich, ich könnte mich aus allem wieder zurückziehen, wenn ich nur wollte.

Meine Schwester, zwei Jahre älter als ich, hübscher, lebhafter, frecher und begabter, wie mir schien, war mein Idol, meine Rivalin, meine Verbündete. Wir stritten uns fast nur und waren unzertrennlich. Ich mußte mich wehren gegen ihre Bevormundung und war ihr Komplize bei den riskantesten Unternehmungen. Ich mußte Schmiere stehen bei ihren Streichen, ich glaubte ihr, wenn sie sagte, sie schlüge mich tot, wenn ich etwas verriete. In den Märchenspielen, die wir Nachmittage lang aufführten, war sie die Prinzessin und ich die Dienerin oder der Prinz, den sie für ihr Happyend brauchte. Ich bewunderte sie und war unendlich eifersüchtig auf sie. Erst später habe ich erfahren, wie eifersüchtig sie auf mich, die verhätschelte Jüngste war. Gegen die Übergriffe und die Erziehungsversuche des großen Bruders allerdings hielten wir zusammen.

Meine Schwester wollte Sängerin werden oder Malerin, und ich Schauspielerin und Schriftstellerin. Ich sah mich schon, im Morgenrock, die Zigarette lässig im Mundwinkel, wie ich dasaß und mich inspirieren ließ. Mit acht schrieb ich mein erstes Gedicht (über eine Amsel im Garten) auf Klosettpapier, während ich auf dem gewissen Örtchen saß, und mit zehn wurde in der Schule ein gereimtes Versdrama ›Der Frühling‹ von mir aufgeführt. Da hatte ich – ausnahmsweise – eine besonders verständnisvolle Lehrerin.

Sonst war die Schule schwierig für mich und ich schwierig für die Schule. Ich galt als eine, die »könnte, wenn sie wollte« und hatte sehr oft schlechte Betragensnoten. Am meisten haßte ich den Nähunterricht und das Strümpfestricken. Absichtlich vergaß ich dann die Schere oder den Fingerhut zu Hause und war froh, wenn ich geschickt wurde, diese Dinge zu holen. Mein Heimweg wurde dann sehr lang und kompliziert, damit die Stunde vorbei war, wenn ich zurückkam.

Meine Mutter hatte schlaflose Nächte, weil sie um unsere Schulkarrieren fürchtete und dabei überzeugt war, daß auch für uns Mädchen nur das Beste gut genug war. Aber ich glaube, ich habe das Wichtigste nicht in der Schule gelernt, sondern zu Hause, in den Büchern, die ich verschlang. Ich war süchtig nach Büchern, ich las, wo ich konnte, auf dem Klo, und wenn ich eigentlich hätte lernen müssen. Ich hatte viele viele Welten zur Verfügung, lebte in den verschiedensten Zeitaltern. Ich erhob mich so über die Enge, in der wir lebten.

Daß ich Bücher nicht nur lesen, sondern auch selber schreiben wollte, das lag nahe. Ein Traum, den ich aber allzulange nicht verwirklichte, vielleicht eben deshalb, weil Träume in unserer Familie doch irgendwie Schäume schienen, und das Scheitern wahrscheinlicher als das Gelingen. Oder lag es daran, daß ich – nach außen klein und schwach – in Wirklichkeit so unbescheiden war, daß ich erst Werke schaffen wollte, wenn ich sicher war, daß sie unübertrefflich werden würden?

Ich bin nicht älter als fünf. Ich sitze auf der Schaukel. Es ist heiß, die Stille undurchdringlich. Mir ist schlecht. Die

Büsche um mich bewegen sich im selben Rhythmus wie ich. Der Himmel schaukelt. Ich lege den Kopf zurück und bin wie betrunken. Die Schaukel pendelt aus. Ich bin zu träge um abzusteigen. Ich betrachte meine Hände, die Linien, die Haare auf der Haut. Meine Hand ist ein Planet. Die Knöchel sind Gebirge, zwischen den Haarwäldern winden sich Flüsse, Städte liegen in den Hautfalten. Ich halte die Hand still. Die Menschen lasse ich rennen und atmen und arbeiten. Ich bin der Schöpfer. Ich kann sie mit einer winzigen Bewegung vernichten. Ich bin allmächtig und lasse ihnen allen noch eine Gnadenfrist. Dann dreh ich meine Hand, klatsche mit der anderen darauf und führe den Weltuntergang herbei.

Nachwort

Erzählen Sie von dem kleinen Mädchen, das Sie einmal waren, baten wir deutschsprachige Schriftstellerinnen. Sie reagierten prompt auf die Fragen: Erinnern Sie sich an diese kleine Person, die als Mädchen aufwuchs und dann einen Beruf ergriff, der gemeinhin immer noch Männerprivileg ist: Schriftsteller/in? Was war das für ein Mädchen? War es rebellisch, sanft, ernsthaft oder übermütig? Was gab es da an Widerständen, Unterstützung, Widersprüchen? Ist es auf Bäume geklettert? Hat es mit Puppen gespielt? Hosen getragen oder gerüschte Kleidchen? Oder alles zusammen?

Aus den zehn Geschichten, die dann bei uns eintrafen, machten wir in ›Emma‹ die Serie »Schriftstellerinnen über sich – das kleine Mädchen, das ich war«. Und wir baten die Analytikerin Margarete Mitscherlich-Nielsen auf zwei Ebenen mitzuarbeiten: Mit der Geschichte ihrer eigenen Mädchen-Kindheit und einer analytischen Betrachtung der Texte der anderen.

Unsere Neugierde – und auch unser großer Spaß an der Sache – wurde durch die eingetroffenen Geschichten nicht nur befriedigt, sondern auch noch weiter angeregt: Beantwortete Fragen warfen neue auf, die verschiedenen Umgangsweisen, Konzeptionen, Stile, in denen die Autorinnen ihre Erinnerungen präsentierten, wären schon wieder eine eigene Untersuchung wert. Denn auch das interessierte uns: Woran erinnert sich eine Frau, die sich in einem »Männerberuf« durchgesetzt hat, eine Frau, die anerkannt schöpferisch arbeitet? Woran erinnert sie sich in diesen Zeiten der Wende: nach zehn Jahren neuer Frauenbewegung und den nun drohenden Jahrzehnten erneuter Reaktion? Und, nicht zuletzt: woran erinnert sie sich, wenn sie von einem Forum wie ›Emma‹ dazu herausgefordert wird?

Klar, daß uns der feministische Aspekt an der Sache besonders reizte. Wir wollten allerdings nicht künstlich lauter Emanzen aus den verschiedenen Autorinnen machen, wollten ihnen nicht willkürlich eine rebellische Kindheit aufsetzen.

Das machten sie schon selbst. Sei es, weil sie diese Erinnerungen für ›Emma‹ hervorkramten – und diese Herausforderung ganz bestimmte Erinnerungen wachrief; sei es, weil jede Schriftstellerin gezwungen ist, sich mit den Bedingungen ihrer Weiblichkeit auseinanderzusetzen: Mehr als Frauen in anderen Berufen sind Autorinnen »Ausnahmefrauen«, das zwingt sie, ebenso wie die Tatsache, daß sie schon von ihrem Beruf her gewohnt sind zu reflektieren, dazu, die Konstellationen zu erfragen, die sie dazu gemacht haben. Die sie zur Ausnahme in der Regel Frau werden ließen.

Und tatsächlich beschrieben sich die meisten von ihnen als »verhinderte Jungen«.

Ingeborg Drewitz am deutlichsten: beinahe ihr ganzer Text handelt von ihrem vergeblichen Bemühen, ein Junge zu sein, oder zumindest für einen gehalten zu werden. Sie spielt Jungenspiele, fährt Holländer und baut sich aus Stühlen ein Motorrad. Sie wünscht sich eine Matrosenjacke, und als es ein Matrosenkleid wird, knöpft sie es verkehrt herum. Ihre größte Enttäuschung ist der Tag, an dem sie kein Junge wurde – obwohl sie sich die ganze Zeit eingeredet hatte, an diesem Tag würde die ersehnte Metamorphose stattfinden. Statt mit Puppen spielt sie mit selbstgeschaffenen Pappfiguren, die nach ihrer Regie Dramen erleben. Und immer wieder sagt sie es ganz explizit: »›Dieser Wildling hätt' ein Junge werden sollen, nicht zu bändigen‹, so sagen sie.« Und: »Nein, ich war nicht gern Mädchen.«

Wie Ingeborg Drewitz rebellierte auch Christa Reinig offen gegen die Kleiderzwänge, die für junge Mädchen damals noch stärker galten als heute: Sie stopfte sich das Hemd ins Höschen, um klar zu machen, daß sie nun »Hosen an hatte«, – nicht ohne Erfolg: »Meine Mutter brach seelisch zusammen und erklärte: ›Sie ist ja doch ein Junge!‹«

Auch die Berufswünsche dieser kleinen Mädchen gehen kaum in Richtung Krankenschwester, Mutter oder Hausfrau. Sie wollen alle »höher« hinaus: Barbara Frischmuth wollte Tierärztin, Naturforscherin, Schriftstellerin werden; Christa Reinig Arzt (– der Schock darüber, daß die Erwachsenen ihre Arztspiele mit den Diensten einer Krankenschwester verwechselt hatten, hatte sie zu der Idee mit dem ins Höschen gestopften Hemd angeregt).

Hedi Wyss konnte sich nicht entscheiden zwischen König, Präsident, Forscherin, Schauspielerin und Schriftstellerin, außerdem wollte sie abenteuerliche Expeditionen unternehmen. Jeannette Lander arbeitete als Mädchen konsequent auf eine Karriere als Künstlerin zu – die der Vater dann aus »Vernunftgründen« unterband. Elfriede Gerstl schwankte zwischen dem ersten Berufswunsch, Ärztin zu werden, und dem aufregenden Leben einer Tänzerin oder Trapezkünstlerin; und Brigitte Kronauer wollte nichts Geringeres werden als die Himmelskönigin persönlich.

Woher nehmen diese Mädchen die Kraft, den Mut, anders zu sein als ihre Spielkameradinnen, Freundinnen? Sind sie besonders privilegiert? Faßt man das Wort in einer weniger eingeengten und nicht nur sozialen Bedeutung, sind sie es tatsächlich.

Die einen erst ganz im klassischen Sinne: Sie genießen Klassenprivilegien. Zwar werden gerade Mädchen aus großbürgerlichen Verhältnissen oft besonders repressiv erzogen und von klein auf für eine »standesgemäße« Ehe erzogen. Aber sie lernen auch das selbstverständliche Auftreten ihrer Klasse, sie profitieren von dem Freiraum, den ein Haushalt mit Personal bietet, sie erfahren in geringerem Maße die Demütigungen von außen, mit denen sich Mädchen aus ärmeren Verhältnissen schon sehr früh konfrontieren müssen. Und ein Mädchen aus »gutem Haus« wird zwar, wenn es Gedichte schreibt, nicht unbedingt ernst genommen, aber diese »Untätigkeit« wird ihr doch meist als Marotte gewährt. Es muß auch nicht heimlich lesen, wie die Gleichaltrigen, die im Haushalt mithelfen müssen und für das Verfassen von Gedichten eher eine Ohrfeige kassieren als mildes Lächeln.

Doch die Privilegien allein reichen nicht. Im Gegenteil, sie verführen viel eher zu Mittelmäßigkeit und Dilettantismus als zu ernsthafter Auseinandersetzung und Arbeit, das zeigen die »Kunstallüren« vieler privilegierter Frauen, das belegen allzuoft ihre Tagebücher und Memoiren. Die Kindheitsgeschichten der Schriftstellerinnen in diesem Band verweisen ganz deutlich auf die Notwendigkeit des Bruchs, der Widersprüche, die hinzukommen müssen, um aus der Selbstverständlichkeit des Privilegs auszubrechen, um selbständig zu werden.

Elfriede Gerstl war hier mit den extremsten Bedingungen konfrontiert: Sie stürzte aus einer (wenn auch nur scheinbar) »heilen« Welt von Cafébesuchen und Parkspaziergängen mit der Bonne ab in eine übervölkerte Zweizimmerwohnung und später in den »dunklen Keller« – im ganz und gar wörtlichen Sinn. Als Jüdin entging sie im faschistischen Wien der Deportation nur, indem sie sich in einem verdunkelten Keller versteckt hielt, in dem (Über-)Leben hieß: Sich-tot-stellen.

Friederike Mayröcker erlebte den Zusammenbruch einer bürgerlichen Familie und den Tod der geliebten Großmutter sehr jung. Aus der Erfahrung des Verlassenseins, der absoluten Unsicherheit, erkämpfte sie sich das Schreiben als Chance, weiterzuleben.

Und auch bei Margarete Mitscherlich-Nielsen: Brüche, Widersprüche. Zwar wächst sie behütet in einem Arzthaushalt auf, aber die grundverschiedenen politischen und nationalen Ansichten der Eltern zwingen sie früh, sich mit einer Situation ständiger Zerrissenheit auseinanderzusetzen, beide Seiten zu verstehen und für sich selbst einen authentischen Weg zu finden.

Es ist wohl diese Mischung aus Privileg und Schwierigkeiten, von Kontinuität und Brüchen, die in diesen Frauen schon als kleine Mädchen (von denen das ganz und gar nicht erwartet wurde) den Wunsch – und die Energien weckte, etwas »Besonderes« zu werden.

Im Gegensatz zu den Mädchen aus bürgerlichen und großbürgerlichen Verhältnissen (Mitscherlich, Mayröcker, Gerstl, Steinwachs) wirkten auf die Mädchen aus »kleinem Milieu« (Hedi Wyss) die sozialen Grenzen ihrer Herkunft als Ansporn. Sie, die von unten kamen, wollten nach oben. Das ist nun nichts Außergewöhnliches, bemerkenswert ist aber, daß sie dieses Ziel schon als Kinder nicht über einen »Prinzen«, also eine klassenüberwindende Heirat anvisierten, sondern aus eigener Kraft erreichen wollten – mit Hilfe eines Berufes. Und auch hier sind es wieder die Brüche im eigenen Milieu, die ihnen eine Chance gaben. Bei keiner von ihnen beharrten die Eltern stur auf den Grenzen, die ihnen durch Geschlecht und soziale Herkunft von außen gesetzt waren.

Hedi Wyss wird von ihren Eltern dazu angehalten, deren unerfüllte Träume wahrzumachen, die Mutter vermittelt ihr Lebensentscheidendes: »Widerstand als etwas Legitimes«. Auch Christa Reinigs Mutter, Putzfrau, rebelliert: die Geschichten, die sie ihrer Tochter über die Männer erzählt, und darüber, wie sie selbst mit den Männern umgesprungen ist, wirken nicht eben stark motivierend für eine Zukunft als Ehefrau. Jeannette Landers Eltern, in die USA eingewanderte Juden, die im Schwarzen-Viertel einer amerikanischen Kleinstadt einen kleinen Gemischtwarenhandel betreiben, überspringen die Grenzen ihrer eigenen Erziehung: obwohl sich das für ein Mädchen »nicht gehört«, darf Jeannette zur höheren Schule, darf studieren. Sie fördert vor allem der Vater, der ihre Kunstwerke bewundert und, mehr noch, in seinem Laden ausstellt, öffentlich macht.

»Gerade die Versuche, auszubrechen, verweisen auf die Gitter«, schreibt die Wiener Literaturwissenschaftlerin Elisabeth Wiesmayr in ihren ›Fragmentarischen Überlegungen zum Thema Frauen und Kreativität‹. Ist es das, was diese Mädchen befähigte, etwas scheinbar Unmögliches zu tun?

Ist es die Wut über die Grenzen, die sie – aus den verschiedensten Ursachen – stärker als ihre gleichaltrigen Gefährtinnen bewußt wahrnahmen? Der Wille, sich mit diesen Grenzen nicht abzufinden?

Mit zunehmendem Alter rebellierten diese Mädchen nicht mehr laut, nicht mehr nach außen, sondern zogen sich zurück auf sich und die Welten ihrer Lektüre, ihrer Phantasie. Fast alle Schriftstellerinnen erinnern sich explizit an ihr Bedürfnis in diesem Alter, allein zu sein. Mit sich, mit ihren Gedanken, ihren Büchern und den Eindrücken von »außen«.

Einsamkeit ist, zumindest unter den heutigen Bedingungen schöpferischer Produktion, eine der Grundvoraussetzungen kreativer Arbeit. Einsamkeit ist gleichzeitig etwas, das Frauen von klein auf verwehrt wird – sie haben immer da zu sein, andere zu umsorgen, zu begleiten, zu unterhalten. Der Rückzug ins »Herrenzimmer«, ins Arbeitszimmer, in die Bibliothek ist auch heute noch meist ein männliches Privileg. Das Bild des einsamen Genies an seinem Schreibtisch (die »verständnisvolle« Gattin wartet mit dem Tee-Tablett allzeit bereit im Hintergrund) ist männlich besetzt. Der Mangel an praktischer Erfahrung mit dem Alleinsein und an positiven Vorbildern für diesen Zustand läßt dann auch Frauen Einsamkeit als Fluch empfinden. Allein ist die Alleingelassene, die Verlassene, Sitzengebliebene, die Witwe, die alte Jungfer.

Inzwischen ist hinreichend bekannt, daß Jane Austen im Wohnzimmer schrieb und ihre Texte mit einem Löschblatt bedeckte, sobald jemand das Zimmer betrat (und es betrat ständig jemand das Zimmer). Alleinsein als Verbot und als Fluch. Das ist die einzige Bedingung, unter der Frauen diese Grundvoraussetzung des Schreibens gemeinhin erfahren (dürfen).

Vor diesem Hintergrund zeigt sich, wie wichtig für diese kleinen Mädchen der Rückzug war, die freiwillig gesuchte Einsamkeit. Nicht umsonst erinnern sich alle Schriftstellerinnen in diesem Band daran (bis auf Renate Rasp), und erinnern sich daran als ein Bedürfnis, das sie mit allen nötigen Tricks und Listen zu befriedigen suchten.

Barbara Frischmuth erklärt sich aus diesen Rückzügen in die Einsamkeit, in das Nachdenken, daß sie so »bloß gequetscht und nicht zerrieben« wurde. Christa Reinig sah sich stundenlang allein die Lichtreklamen am Bahnhof Friedrichstraße an, und Ingeborg Drewitz entdeckte, daß das Vernügen, (ganz für sich allein) »Geschichten aufzuschreiben, (...) mich vollends vergessen (ließ), ob ich ein Junge oder ein Mädchen war.«

Ginka Steinwachs las, »sobald die Luft rein war«, heimlich Kleists Penthesilea und identifizierte sich mit der Amazone. Überhaupt lasen sie alle. Viel und »Unpassendes«. Hedi Wyss war »süchtig nach Büchern«; Barbara Frischmuth stöberte in der Hotelbibliothek ihrer Mutter »nach allem, was da so an Erotik und Verbrechen zur Unterhaltung beschrieben wurde; Jeannette Lander entzog sich durch Lesen der drohenden Mitarbeit im Laden der Eltern.

Lesen wird kleinen Mädchen im allgemeinen nicht eben als ideale Beschäftigung empfohlen. Und wenn, dann werden ihnen meist rührselige Mädchenschicksale, masochistische Heiligenlegenden, kindische Internatsromane (womöglich noch in endlosen Fortsetzungen) ans Herz gelegt. Die beflügeln die Phantasie nicht gerade zu rebellischen, abenteuerlichen, welterobernden Vorstellungen. Im Gegenteil, die Mädchen identifizieren sich notgedrungen mit den passiven, schönen, aber untätigen, gequälten und erniedrigten Heldinnen, und lernen, daß es das Schicksal der Frau ist, zu leiden und zu warten: »Oberstes Gebot für die Frau ist, ein Männerherz zu entzücken. Mögen die Heldinnen noch so unerschrocken und unternehmungslustig sein, das ist der Lohn, nach dem sie alle streben. Und meist wird von ihnen weiter keine Tugend als ihre Schönheit verlangt.« (Simone de Beauvoir). Und wenn die Mädchen als junge Frauen, anstatt weiterzulesen (und zu träumen), nach dem Prinzen ihrer Träume suchen, wird ihnen kein Hindernis in den Weg gelegt, keine gegenteilige Anregung gegeben.

Unsere Autorinnen aber lasen anders: Sei es, daß sie die Bibliothek der Eltern durchstöberten, sei es, daß sie sich durch Schullektüre anregen ließen. Sie wollten mehr wissen, als ob Angelika ihren Kurt bekommt. Elfriede Gerstl zählt heute noch stolz ihre Lieblingslektüre auf: Karl May, Sven Hedin, Daniel Defoe, Lederstrumpf und Schillers Balladen.

Alle Schriftstellerinnen, die sich hier als kleines Mädchen beschreiben, haben zunächst einen Beruf erlernt, haben nicht als »richtige« Schriftstellerin angefangen. Sie waren Blumenbinderin (Christa Reinig) oder Lehrerin (Friederike Mayröcker, Brigitte Kronauer), sie haben studiert oder als Hausfrau gearbeitet. Sie haben fast alle spät begonnen, zu publizieren. Ein auffallendes Phänomen bei schreibenden Frauen, im Gegensatz zu ihren männlichen Kollegen. Und nicht alle können heute von ihrer schriftstellerischen Arbeit auch leben.

Um noch einmal eine Binsenweisheit zu wiederholen: Es wird Frauen nicht leicht gemacht, sich als Schriftstellerinnen durchzusetzen, überhaupt Schriftstellerinnen zu werden. Das Schöpferische ist bekanntlich immer noch männlich besetzt und das Haus weiblich. Auch von den Frauen. Alice Schwarzer hat in ihrem Band ›Frauenarbeit – Frauenbefreiung‹ nachgewiesen, daß Frauen sich, selbst wenn sie einen außerhäuslichen Beruf ausüben, meist immer noch primär über »das Haus«, die Familie definieren und nicht über die berufliche Arbeit.

Frauen, die schreiben wollen, sind da nicht ausgenommen. Die Bedingungen, die Virginia Woolf angibt, damit eine Frau schreiben kann: Geld und ein Zimmer für sich allein, reichen – auch wenn sie die Grundvoraussetzungen sind – nicht aus. Dazu müssen noch all die Barrieren überwunden werden, die Frauen selbst vor sich (in sich) errichtet haben: sie müssen lernen, sich und ihre Arbeit ernst zu nehmen, Einsamkeit nicht nur zu ertragen, sondern sie zu suchen, sie als nötigen Freiraum für ihre Produktion zu schaffen. Sie müssen lernen, sich nicht auf andere und deren Urteil zu verlassen, mehr noch, sich nicht danach auszurichten, und mit Kritik nicht nur umzugehen, sondern sie zu fordern. Die »Fröste der Freiheit« (Marieluise Fleißer) kühlen die besten Vorsätze, die hochfliegendsten Illusionen schnell ab.

Und selbst das bißchen Wärme, das Frauen in günstigen Fällen aus ihren Beziehungen zu Männern (oder auch Frauen) ziehen können, ist im Fall der Schriftstellerin gefährdet. Männer sind nicht dazu erzogen, selbstlos ihr Leben nach den Bedürfnissen eines »Genies« auszurichten, auf Zehenspitzen Tee zu servieren, die Kinder und lästige Besucher vom Arbeitszimmer des/der Schreibenden fernzuhalten, emotionale Unterstützung und solidarische Kritik zu geben. Und auch Frauen verhalten sich in dieser – gesellschaftlich eingeübten – Art meist nur Männern gegenüber, im Verhältnis zu Frauen sind sie viel eher gleichberechtigte Partnerin als die bewährte Mischung aus Muse und Haushälterin. (Doch eine Schriftstellerin, die so lebt, ist immer noch privilegiert gegenüber ihrer Kollegin, die sich mit den Ansprüchen eines fordernden Mannes und arbeitsintensiver Kinder auseinandersetzen muß.)

Die Autorinnen, die mit den üblichen (häuslichen) Anforderungen eines »Frauenlebens« nicht konfrontiert sind, sei es, weil sie allein leben, einen verständnisvollen Mann oder eine gleichwertige Partnerin haben, sind selten. Die Erfahrungen von Verlassenwerden, von Neid, Konkurrenz, Krächen um vieles häufiger.

Warum also, wenn alle Voraussetzungen (sozialer, psychischer, kultureller Art) dagegen sprechen, haben es diese Frauen dennoch geschafft? Wer die Texte in diesem Buch aufmerksam liest, wird zwar nicht auf eindeutige Beweise stoßen, aber auf zahlreiche Indizien, auf einige auffällige Gemeinsamkeiten. Vieles spielt hier doch bemerkenswert zusammen:

Widersprüche in der sozialen Herkunft, rebellierende

Mütter, förderungswillige Väter, die Erfahrungen von Zusammenbrüchen und Bedrohungen, verbunden mit dem Erlernen von Strategien, zu überleben, »anders« zu werden. Die Bereitschaft, das Bedürfnis, allein zu sein, nachzudenken, die Welt (zumindest in Gedanken) zu erforschen – und nachzuschöpfen, neu zu schöpfen.

Wer diese Erinnerungen danach befragt, findet Spuren, Hinweise – Antworten auf die Frage: Was gab diesen kleinen Mädchen die Kraft, den Mut zum Widerspruch, zur Selbstbehauptung, zur Grenzüberschreitung, zur Entwicklung ihrer schöpferischen Phantasie? Was gab ihnen die innere Wärme, daß sie sich so weit in die »Fröste der Freiheit« vorwagten?

Ingrid Strobl

Autorinnen

INGEBORG DREWITZ: Geboren am 10. Oktober 1923 in Berlin. 1945 Promotion zum Dr. phil. in Berlin. Seit 1945 erste Veröffentlichungen (unter anderem mit einer politisch engagierten Schauspieltruppe in Berlin »KZ-Dramen«). 1965–1969 Vorsitzende des Schutzverbundes Deutscher Schriftsteller, später Mitbegründerin des Verbandes Deutscher Schriftsteller, bis 1980 dessen stellvertretende Vorsitzende. Lebt als freie Schriftstellerin in Westberlin. Veröffentlichungen u.a.: ›Wer verteidigt Katrin Lambert‹ (Roman, 1974), ›Das Hochhaus‹ (Roman, 1975), ›Gestern war heute. Hundert Jahre Gegenwart‹ (Roman, 1978), ›Der eine, der andere‹ (Erzählungen, 1981), ›Kurz vor 1984‹ (Essays, 1981), ›Das Eis auf der Elbe‹ (Roman, 1982), ›Mein indisches Tagebuch‹ (1983).

BARBARA FRISCHMUTH: Am 5. Juli 1941 in Altaussee in Österreich geboren. Studium der Orientalistik. 1961 Studienaufenthalt in der Türkei. Mitglied des Forum Stadtpark Graz. 1968 Veröffentlichung des ersten Romans. 1974 Geburt des Sohnes Florian. Lebt als freie Schriftstellerin in Wien. Wichtige Werke: ›Die Klosterschule‹ (Prosa, 1968), ›Haschen nach Wind/Rückkehr zum vorläufigen Ausgangspunkt‹ (Erzählungen, 1978), ›Die Mystifikationen der Sophie Silber‹ (Roman, 1976), Amy oder Die Metamorphose‹ (Roman, 1978), ›Kai und die Liebe zu den Modellen‹ (Roman, 1979), ›Bindungen‹ (Erzählung, 1980), ›Die Frau im Mond‹ (Roman, 1982), ›Traumgrenze‹ (Erzählung, 1983).

ELFRIEDE GERSTL: Geboren 1932 in Wien. Seit 1938 als Jüdin verfolgt, überlebte versteckt in Kellern. 1945 Besuch einer regulären Schule. 1951 Abitur, anschließend Studium der Medizin und Psychologie. 1960 Abbruch des Studiums, Heirat, Geburt einer Tochter. Erste Veröffentlichungen seit 1955. Heute freie Schriftstellerin in Wien. Einige Werke:

›Berechtigte Fragen‹, ›Spielräume‹ (Prosa, 1978), ›Narren und Funktionäre‹.

Brigitte Kronauer: Geboren am 29. Dezember 1949 in Essen. Studium der Germanistik und Pädagogik. Bis 1971 Lehrerin, seither als freie Schriftstellerin in Hamburg. Einige Werke: ›Frau Mühlenbeck im Gehäus‹ (Roman, 1980), ›Die gemusterte Nacht‹ (Erzählungen, 1981), ›Rita Münster‹ (Roman, 1983).

Jeannette Lander: Geboren am 8. September 1931 in New York, aufgewachsen in Atlanta, Georgia. Nach der Heirat mit einem Deutschen 1960 Umzug nach Westberlin. Studium der Anglistik und Amerikanistik. 1966 Promotion zum Dr. phil. Seit 1970 literarische Texte in deutscher Sprache. Lebt als freie Schriftstellerin in Berlin. Veröffentlichungen u. a.: ›Ein Sommer in der Woche der Itke R.‹ (Roman, 1971), ›Auf dem Boden der Fremde‹ (Roman, 1972), ›Ein Spatz in der Hand. Sachgeschichten‹ (1973), ›Ich. Allein‹ (Roman, 1980).

Friederike Mayröcker: Geboren am 20. Dezember 1924 in Wien. Seit 1964 Englischlehrerin an Wiener Hauptschulen. 1969 vom Unterricht freigestellt. Erste Veröffentlichungen 1946. Seit 1954 Freundschaft mit Ernst Jandl. Lebt als freie Schriftstellerin in Wien. Veröffentlichungen u. a.: ›Tod durch Musen. Poetische Texte‹ (1966), ›Minimonsters Traumlexikon. Texte in Prosa‹ (1968), ›Fast ein Frühling des Markus M.‹ (1976), ›HEILIGENANSTALT‹ (1978), ›Ausgewählte Gedichte‹ (1979), ›Friederike Mayröcker. Ein Lesebuch‹ (1979), ›je ein umwölkter gipfel‹ (Erzählung, 1973), ›Die Abschiede‹ (Prosa, 1980).

Margarete Mitscherlich-Nielsen: Geboren am 17. Juli 1917 in Graasten (Dänemark). Studium und Promotion zum Dr. med. in Heidelberg. Ausbildung zur Psychoanalytikerin. Wissenschaftliches Mitglied des Sigmund-Freud-Instituts und Mitglied der Psychoanalytischen Vereinigung. Lebt und arbeitet als Psychoanalytikerin und Schriftstellerin in

Frankfurt. Einige Werke: ›Die Unfähigkeit zu trauern. Grundlagen kollektiven Verhaltens‹ (zusammen mit Alexander Mitscherlich, 1967), ›Müssen wir hassen? Über den Konflikt zwischen innerer und äußerer Realität‹ (1972), ›Das Ende der Vorbilder. Vom Nutzen und Nachteil der Idealisierung‹ (2. überarb. Aufl. 1980). Zahlreiche Aufsätze in Fachzeitschriften.

Renate Rasp: Geboren am 3. Januar 1935 in Berlin. Schauspielausbildung und Studium in Berlin und München. Gelernte Gebrauchsgrafikerin. Lebt seit 1973 als freie Schriftstellerin abwechselnd in München und Newquay (Cornwall). Einige Werke: ›Ein ungeratener Sohn‹ (Roman, 1967), ›Chinchilla. Leitfaden zur praktischen Ausübung‹ (1969), ›Junges Deutschland‹ (Gedichte, 1978), ›Zickzack‹ (Roman, 1979).

Christa Reinig: Geboren am 6. August 1926 in Berlin (Wedding). Blumendbinderlehre. 1953 Abitur, dann Studium der Archäologie und Kunstgeschichte. 1957–1963 wiss. Assistentin am Märkischen Museum in Ost-Berlin. Nach der Verleihung des Bremer Literaturpreises 1964 in die Bundesrepublik. Lebt seitdem als freie Schriftstellerin in München. Einige Werke: ›Die himmlische und die irdische Geometrie‹ (Roman, 1975), ›Entmannung. Die Geschichte Ottos und seiner vier Frauen‹ (Roman, 1976), ›Müßiggang ist aller Liebe Anfang‹ (Gedichte, 1979), ›Die Prüfung des Lächlers. Gesammelte Gedichte‹ (1980), ›Der Wolf und die Witwen‹ (Erzählungen und Essays, 1980).

Ginka (= Gisela) Steinwachs: Geboren 1942 in Göttingen. Studium der Literaturwissenschaften und Philologie in München. Promotion zum Dr. phil. 1969 Lehrbeauftragte an der Universität von Paris (Vincennes). Lebt seit 1974 als freie Schriftstellerin in Berlin. Veröffentlichungen u. a.: ›Mythologie des Surrealismus oder die Rückverwandlung von Kultur in Natur‹ (1971), ›Marilynparis‹ (Roman, 1978), ›George Sand‹ (Roman, 1980).

HEDI WYSS: Geboren 1940 in Bern. Arbeitete als Lehrerin, später als Journalistin. Lebt heute als freie Journalistin und Buchautorin bei Zürich. Einige Werke: ›Keine Hand frei‹ (Roman, 2. Aufl. 1980), ›Flügel am Kopf‹ (Roman, 1982), ›Das rosarote Mädchenbuch‹ (7. Aufl. 1983). Außerdem zahlreiche Jugendbücher.